Sin tapabocas:

Memorias de una pandemia

Luz Stella Mejía,

Amado J. Láscar y Tomás Modesto Galán

Editores

Sin tapabocas: Memorias de una pandemia

Primera edición: Octubre de 2020.

© Los autores
© El Sur es América
Editores: Luz Stella Mejía, Amado J. Láscar y Tomás Modesto Galán.

Diagramación: Rosario Mejía
Diseño de portada: Santiago Mosquera
Ilustraciones interiores: Wilson Abreu
                    Odalis G. Pérez
                    Ivonne Sánchez Barea

Library of Congress Control Number: 2020945118

ISBN- 978-1-7337337-1-7

Editorial El Sur es América, LLC
Virginia, Estados Unidos
ElSurEsAmerica@gmail.com
www.ElSurEsAmerica.com

CONTENIDO

Prólogo

Tiempos excepcionales requieren respuestas extraordinarias y nada en nuestra experiencia colectiva ha sido más excepcional que este año de encierro e incertidumbre. Nunca antes habíamos experimentado un suceso de estas proporciones ni alcances y la humanidad no se había visto afectada de forma universal por un virus que podía viajar de un continente a otro en cuestión de horas. Además de las circunstancias políticas y sociales que convirtieron el desasosiego en arma de manipulación, afectando profundamente todo asunto humano. Sin lugar a dudas, un evento que partirá la historia y será un punto de referencia en el futuro, si logramos unirnos y construir un futuro.

Así nació la idea de documentar este momento histórico con testimonios que dieran cuenta de esa excepcionalidad. El resultado es este libro que alberga a 46 poetas y artistas, 25 hombres y 21 mujeres, de Argentina, Bolivia, Chile, Colombia, Cuba, Ecuador, El Salvador, España, Estados Unidos, Francia, Guatemala, México, Nicaragua, Perú, Puerto Rico, República Dominicana, Sri Lanka, Túnez y Venezuela. Es una muestra diversa en su género, en su forma y en la interpretación que los autores hacen de sus vivencias frente a la pandemia y la consecuente cuarentena. No hay unicidad de criterios ni de puntos de vista y las experiencias de ellas y ellos fueron recogidas en su arte, en poemas, cartas, diarios, crónicas, ensayos y reflexiones.

Hablan de su soledad, de su aislamiento, de sus viajes y hasta de su aburrimiento de este tiempo inmóvil. Hay quienes cantan a su pareja, a sus amigos, a la ternura de sus nietos, a la maravilla de tener a alguien con quien compartir y por quien seguir y lo que significaría su pérdida. Nos dejan ver el duelo por un ser querido, nos dan estadísticas y nombres: ¿Cuántas personas nos han dejado tan deprisa? Cada día despertamos al duelo de una ausencia que no se llena con números y cuya pérdida no alcanzamos a dimensionar aún. Relatan, en crónicas invaluables, el horror de una ciudad que sucumbe a la pandemia, con la muerte presente de forma brutal en las casas, en las calles, en la desesperación ante el silencio de los funcionarios. Tenemos poetas que dedican sus palabras a hombres y mujeres que han estado en primera línea en tantos hospitales, dando cuidados y esperanzas a la gente; nos dicen del aplauso de la tarde que une comunidades enteras en el agradecimiento y la solidaridad.

Sus memorias nos muestran calles vacías, esperas solitarias, pasos sin rumbo, caídas al vacío, encierro, hastío y miedo; días de oscuridad real y figurada, de lluvias y cielos grises. Nos cuentan de Wuhan, de sus propias ciudades y barrios. Nos cuestionan sobre la validez del viejo mundo y la posibilidad de construir uno nuevo, de aprender a compartir, de volver a la tierra, a sembrar. Se preguntan sobre la idea de virus creados o dejados escapar adrede, y del maltrato al planeta como causa de enfermedad. También de lo que viene como consecuencia de siglos de desmemoria: el estado corporativo, la vigilancia, el totalitarismo, la desinformación y el culto a la ignorancia. Hay quien compara esta epidemia con otra que en el pasado se esparció sin control entre la comunidad, el sida, y nos da esperanzas recordándonos cómo, a pesar del miedo, las acciones de las personas lograron el cambio de la sociedad desde abajo.

Si hay un tema recurrente es la incertidumbre. Ya llevamos más de siete meses de cuarentena y aún el mundo sigue a medias su curso, sin fecha a la vista de volver a la «normalidad». Durante todo este tiempo y al día de hoy la percepción de los eventos ha cambiado y los ánimos han subido y bajado como las curvas diarias de infectados. Las noticias de ayer ya son viejas. En esta era de información —y desinformación— inmediata la historia es más maleable que nunca.

Nada simboliza mejor esta época de aislamiento y fragmentación, de silencios y labios sellados que un tapabocas que nos cubre la cara y no nos permite esa conexión inmediata que dan los gestos, la sonrisa, la palabra. Es una máscara que nos salva y nos condena. Al principio de la pandemia fue símbolo de la lucha que se vivía en los hospitales: los y las doctoras y enfermeras no tenían algo tan sencillo y barato como sus mascarillas. Cuando se quejaron de la escasez se les prohibió que hablaran, así que se quedaron sin tapabocas pero con mordazas. Hasta el día de hoy hay una ley de silencio y la situación del covid19 en los hospitales es secreto sumario —ya sea que estén congestionados o desocupados—. Sin embargo, la reacción de los ciudadanos fue de solidaridad y muchas mujeres se dedicaron a coser mascarillas para donarlas. Pronto hubo un ejército de costureras voluntarias y doctoras y enfermeras perfeccionando los diseños hechos a mano. Ahora la palabra tapabocas tiene otras connotaciones muy distintas y ha llegado a ser motivo de luchas callejeras y balaceras sin sentido. Otro triunfo de la desinformación viral que sólo busca dividirnos y hacernos daño.

En algún momento pensé en hacer una comparación entre este presente tan inverosímil, con lo que recordaba de libros como El Decamerón, por ese concepto de salvarse con el arte y la literatura que hemos visto florecer en las redes sociales. Nunca antes habíamos presenciado tal cantidad de recitales musicales y poéticos y tanta necesidad de explicarnos en versos y en metáforas el presente. Al igual que en el libro, buscamos el poder de la palabra para entretenernos. A medida que evolucionaba la pandemia, la reacción de algunos gobernantes me recordaba a ciertos personajes como Michel, el portero del edificio donde vive el doctor Rieux en La peste: primero negando la evidencia, luego buscando culpables fuera de su pequeño reino e incluso minimizando el problema aduciendo que se trata de una broma. Al igual que en el libro, vamos de la incredulidad de los inicios, a ese sentimiento de solidaridad que inundó la humanidad entera y luego a la aprehensión cuando parece que la capacidad de amar ha sido minada por la enfermedad, pero sobre todo por el aislamiento y el duelo. Al final sabemos que bajo la pandemia subyace un peligro aún más devastador por persistente y nocivo; ese «virus» que afecta a personas y gobiernos por igual y separa ciudades y países levantando muros.

Ahora vuelvo a lo escrito y siento que no alcanza a transmitir el sentimiento en el que estamos sumidos en este momento, cuando ya no queremos escuchar más argumentos a favor o en contra de ninguna teoría. Quisiéramos respuestas y el mundo sólo nos ofrece incertidumbre. Entonces quito todo lo que sobra, palabras que ya no tienen peso cuando llevamos siete meses de aislamiento y sabemos el valor de los abrazos. Tal vez esta incertidumbre nos ayude a entender las prioridades y a vernos como lo que somos: criaturas vulnerables en un mundo incierto. Nadie está a salvo y nuestras posesiones no nos dan lo que necesitamos. Hemos perdido familiares y amigos y sabemos que ya nunca volveremos a verlos, porque la muerte siempre es esa guillotina que no perdona, ni deja fibras juntas. Cercena de golpe toda expectativa de aclarar cuentas y deja un reguero de palabras mudas como te quiero, lo siento, te perdono. Palabras viejas y universales, pero no por eso menos difíciles. La única certeza que nos queda es el amor. El único futuro posible es la solidaridad. Al mundo no hay que arreglarlo, tenemos que rehacerlo desde el principio, con nuestras propias manos.

Luz Stella Mejía, coeditora

Plandemia
Wilson Abreu

WILSON ABREU
(República Dominicana)

Artista plástico y poeta. Ha participado en diversas exposiciones colectivas, así como en las individuales: «Demente» (2005) y «Sísifo en Quisqueya» (2016). Ha sido reconocido con la Primera Mención de Honor en Roma, Italia, y participó en la colectiva «Camino al Bicentenario de Argentina», en la Casa de Gobierno de Buenos Aires. Sus obras, destacadas por la crítica nacional e internacional, son parte de colecciones públicas y privadas.

MUERTE SIN SEPULCRO

A mi esposa, Claribel Díaz.

¿Qué harías, amada mía, si el virus toca a mi puerta?
¿Con quién compartirías el poema?

Dime qué nos salva de morir ahora.
¿Habría tiempo para otros días de primavera,
o solo lluvia bajo este encierro interminable?
¿Qué sería de estos huesos sin flores ni despedida?
¿Qué sería de esta espera sin duelo o esta tarde sin cementerio?
No habrá sepulcro

¿Cómo sería el mundo
sin esta pura e infectada humanidad?
¿Qué harías tú sin mí en esta tierra
contaminada de misterio?

No habrían soles, ni lunas
y las estrellas brillarían sin sus antiguas noches
Los grillos abandonarían su nocturnidad
de cenizas
¿Y tu atmósfera?
¿Se atrevería a acompañarme en el camino?

LA MUERTE A MI PASO

A mi padre, Manuel Abreu
In memoriam

En las espesuras de las noches he soñado
He soñado un mundo oscuro cayendo hacia un abismo.
Aún no llego a caer en la superficie.
Todo es un bosque de verdes nocturnos
Ya estoy sobrepasando la gravedad y
mis ojos se agrandan desmesuradamente.
Deshabitado en otro mundo
Espacio sin oxígeno
Prueba de resistencia
¿Para qué?
Ahora debo caer y no puedo
Estoy en el fondo sin límites
Gravito
Grito
Escucho eco de otros lugares
¿A dónde voy a parar?
Mi carne y mis huesos desaparecen y se vuelven al polvo invisible
¡Oh! muerte, diluye mis pensamientos.

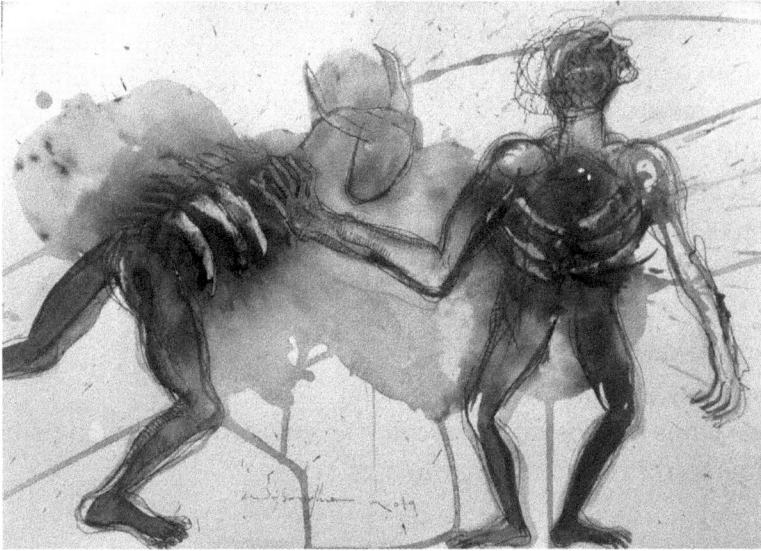

¡No te me pegues, coño!

Wilson Abreu

RAINIER ALFARO BAUTISTA

(El Salvador)

Miembro fundador de TALEGA. Tiene publicados los libros *Ventana de Suplicios*, *Ruta Bacalao*, *Toda canción siempre habla del mar* y *El diario íntimo de una gaviota*. Fue el director general del Festival Internacional de Poesía «El turno del Disidente» en Honduras. En El Salvador su obra ha sido publicada en las antologías: *Juego Infinito*, *Alba de Otro Milenio*, *Viva la poesía*, *Lunáticos* y en el *Segundo Índice General de la Poesía Salvadoreña*. También ha participado en la antología *Versofónica*, en formato de audio. Una parte de su obra aparece publicada en periódicos y revistas nacionales e internacionales y en diversos sitios web. Como gestor cultural codirigió talleres de creación literaria para niños y jóvenes en la «Escuela Mágica», labor que dio como fruto la publicación de las antologías *La memoria del viento*, *Habrapalabra*, *La Libélula* y *Tragapalabras*.

Contra la inminente caída de nuestros cuerpos
la deriva avanza rápidamente como sombra, lo cubre todo,
la palabra inevitable es angustia, dolor
del fuego, del silencio, del miedo, del caos.
Sacudo el árbol primero, quiero, debo olvidarlo todo
el humo verde avanza entre los senderos del cuerpo
subvierte mis pestañas, se enreda entre mis recuerdos
dejo de ser, ya no soy yo mismo, si no otro
uno que ni si quiera sabe dónde esta
quien es o si existe en modo paralelo, fuera del espejo
la sangre hierve en espuma negra
ahora somos parte del olvido y del antiguo tiempo.
Hay un golem tras de mis pasos,
cuarenta y cinco legiones de espantapájaros acuden
presurosas a nuestro encuentro, nos esperan con ansias
suenan alto los tambores convocando el aquelarre
en cada sombra hay cuatro caballos gigantes sin jinete,
llegan en avanzada hachas y espadas, tropas auxiliares
las flechas rotas de nuestros contrarios, bajo sus propios pasos.
En el fuego nuestro de cada día, se extinguen
en la lluvia temblorosa que nos abraza entre murmullos,
en la rosa y la estrellas que nos envuelven entre sus nombres
todo enemigo es rumor.

Rey Vitus

Odalis Pérez

Indran Amirthanayagam
(Sri Lanka)

Poeta, ensayista, músico y diplomático. Es bachiller en Literatura Inglesa de Haverford College y tiene una maestría en periodismo de la Universidad de Columbia. Dirige *The Beltway Poetry Quarterly* (www.beltwaypoetry.com); es anfitrión de *Poetry at the Port*; director de DC-ALT, una asociación de traductores literarios y curador de www.ablucionistas.com. Ha publicado 19 colecciones de poesía, incluyendo *Il n'est de solitude que l'ile lointaine* (2017), *The Elephants of Reckoning* (1993) que ganó el Premio Paterson 1994 en los Estados Unidos, *Uncivil war* (2013), *Ventana azul* (2016), *Coconuts on Mars* (2019) y las novedades: *En busca de posada* (2019), *Paolo 9* (2019) y *The Migrant States* (2020), *Sur l'île nostalgique* (L'Harmattan, 2020) y *Lírica a tiempo* (Mesa Redonda, 2020). En música, ha producido el disco *Rankont Dout.* Amirthanayagam es becario en 2020 en poesía de Foundation for the Contemporary Arts. Ganó los Juegos Florales de Guaymas, Sonora en 2006. Es blogger en inglés, español, francés, portugués y creole haitiano (https://indranamirthanayagam.blogspot.com. e indranmx.com)

¿Qué hacer?

Y si no tenemos casa, ni país, ni empleo,
ni salud, ni hijos, ni marido, ni jardín,
ni esperanza. ¿Qué hacer? ¿Esperar
a Godot o tomar el asunto
en nuestras manos? Y si no podemos
tocarnos, o tocarte, o tocarlo a él,
o tocar al abuelo, ¿qué hacer?
¿Tomar el trago solitario, recordando
a aquellos tiempos felices?

Y si eres un bebé o un niño apenas
leyendo por primera vez Romeo y Julieta
¿qué hacer? ¿Qué te diría yo? Que hay
un después, siempre el amanecer, siempre
el generoso vecino, siempre el consuelo
de la música, de la poesía, siempre
la esperanza del amor aun
en estos tiempos de cólera
y de distancia, de un amor que pasa

por las rendijas de las ventanas
a pesar de todo, y de los rincones
menos esperados. Y no hablo del virus.
Estamos más bien en Casablanca
con Humphrey Bogart, en Guayaquil
con Cristian Avecillas, en Jaffna
con Packiyanathan Ahilan,
en el lugar cualquiera X
del planeta Tierra contigo. Ahora.

El regreso de las hormigas

Estamos ahora en plena guerra, contra
el virus y también entre poetas, aquellos

que han abrazado Covid como tema
y los demás que lo han rechazado. Ya

hay un antes y un después de verdad,
entre los que fueron a España —aquella

de la guerra civil--y los que cavan
ahora en el sótano de sus memorias

en busca de fotos de un mundo estable,
predecible, donde el sol despertaba

por la mañana afuera de la ventana
de un hombre bien dormido que se levanta

con la luz como en la Edad de la Razón,
de la Ciencia. Pero la verdad es maya,

es la ilusión, el olvido. ¿Quién se acuerda
ahora de la gripe de Hong Kong que mató

a 4 millones de nosotros durante
los años sesenta? ¿Quién va a recordar

las cifras de Covid-19 cuando
haya pasado ya una generación

y el progreso se haya vuelto el pan
de cada día, y el sexo la respuesta

de la noche, generando, claro,
nuevas abejas y tropas de hormigas?

No hay salida

Ya no puedo más, Eduardo. He escrito
a un ritmo acelerado desde hace años
y ninguna llamada todavía de Estocolmo.

Y ni siquiera tiene el Comité mi último
número de celular, y no sé de ti pero
no veo otra opción, otro camino,

otro trabajo a estas alturas de la vida,
y tengo que mantenerme vivo,
ya sabes, para poder algún día recibir

aquella llamada. Mientras tanto he gastado
demasiadas horas, invertido tanta energía
en este oficio que no puedo imaginar

un mundo muerto donde participo
como médico o enfermero o psiquiatra.
Se encuentran ahora por todas partes

gente común y corriente y noble
cayéndose en la tumba y yo
con mis diez dedos, portadores

potenciales del virus y mis memorias
amplias de paraíso, ensangrentados,
atropellados, aniquilados.

Antorcha

La llama puede parecer frágil,
pequeña, casi nada, pero cuando
la llevas de cuarto en cuarto

en la oscuridad, parpadeando,
balanceando la mecha ilumina
el espíritu y el corazón y da esperanza.

Y el Sol espera más allá
de la esquina de la mañana, listo
para entrar en la escena y levantarse.

Cuaresma y Cuarentena

Quiero decirte algo que no huele
a virus, o a vida perdida,
que no muestra ninguna incertidumbre
ante el futuro. El sol decidió levantarse
esta mañana y el cerezo exponer
sus brotes blancos, y aquel
pájaro carpintero que escuché
en el bosque, a él no le molestaba

nada salvo la búsqueda paciente
de gusanos. Pero sí, a pesar de
mis mejores esfuerzos para no anular
ese recital el gobernador anunció
el cierre de todos los restaurantes
y no me quedó otra opción que admitir
al virus de nuevo en el poema, para quedarse
esta vez y esparcirse a través de estos dedos

y llenar todas las noticias y viajar
por la vecindad hasta la chica que trabaja
en Western Union, sus manos con guantes,
y yo, el vendedor de sueños, enviando
dinero lleno de gérmenes a través
de la ventanilla. ¿Acaso este
distanciamiento social puede ser
duplicado en la comida, el dinero,

en el saludo a tu mamá que necesita
apoyo para caminar? No, no puede
en todos los casos. Evalúa los riesgos
y tómalos. Valhala, Cielo, Paraíso,
o bien Infierno, algo te espera
al otro lado. No me preguntes.
No sé nada. Soy un hombre
ante la incertidumbre. El poema
no resuelve esta escena fundamental.

Ah, hay un árbol también
y un arco. ¿Qué más? Un método
para deshacerse en gramos
y rehacerse en otro ecosistema,
otro planeta, Star Trek se ve
en la televisión de estos tiempos
de cuaresma y de cuarentena.

[De *Lírica a tiempo*, 2020]

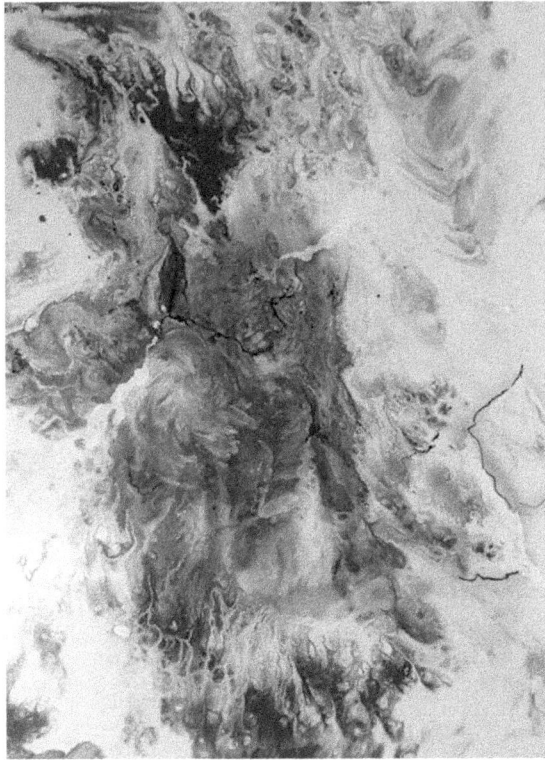

Camino al cielo

Ivonne Sánchez Barea

CRISTIAN AVECILLAS SIGÜENZA

(Ecuador)

Autor de los libros de poesía: *Todos los cadáveres soy yo* (2008), *Ecce Homo II* (2008), *La identidad femenina* (2008), *Abrazo entre caníbal y mujer enamorada* (2009), *Caricias Lunch* (2011), *Estrategias para descarriar a una mujer* (2012), *Los Tiempos de la Humanidad* (2013). Es fundador del Grupo TEATROMIENTO. Dramaturgo, actor y director, indistintamente, en *Funeraria Travel* (2009), *Mama Prometea* (2012), *Volverse humanidad* (2014), *La patria y el pueblo* (2009), así como autor del libro *El teatro es un poema cuerpo adentro* (2019). Como cantautor, grabó los discos demo: *Creación de los amantes* (2002), *El dragón y otras aves* (2004) y *Los cuatro peores* (2010) junto al poeta argentino, Pedro Nazar. Como investigador, publicó *Estudio biográfico de Edmundo Ribadeneira* (2008) y *Concierto de voces para una biografía* (2009), así como coautor, junto a Valeria Alvarado, de *Alma adentro, Poetas ecuatorianas premiadas* (2018).

CRÓNICA N° 1

Poesía versus Coronavirus
4, abril, Guayaquil, 2020

Hermanos míos.

Me escriben, me llaman, preocupados por mí. Agradezco y honro respondiendo así, contándoles esto: El Apocalipsis no da tregua. Guayaquil de mis pavores.

Recién ahora puedo escribir algo porque desde hace 5 horas no tengo más muertos, desde hace 5 horas no me he enterado de que alguno de mis amigos, de mis conocidos, de mi entorno, haya muerto. Aunque a lo largo de este día supe que Juan está llorando a su madre, Webster a su hermana, Jorge a su primo, James... todos ellos, hoy. Y ayer, y antes de ayer, y todos los días, se apilan los muertos en la fúnebre lista de amigos que no han sobrevivido a esta pandemia. En la calle donde vivo ya murieron Hermán y Carlo. En la calle de atrás ya murieron Víctor y Juana. Y en el parque Byron, y más allá Fabricio.

La calamidad en Guayaquil es innombrable: el cielo cubierto de aves carroñeras, los barrios llenos de insepultos, las farmacias desabastecidas, los precios desorbitados. Eso en la ciudad.

Pero hacia adentro, en los hogares, la calamidad es hecatombe; por ejemplo Juan, mi querido amigo Juan, poeta, ciego, líder, tiene «en el cuarto de atrás» al cuerpo de su madre, Angery, desde hace tres días, cubierta de hielo y con dos ventiladores a toda potencia para intentar paliar la putrefacción, esperando, esperando; hoy me dijo: «nicho ya tenemos y por fin conseguimos todos los documentos, pero ya no hay ataúdes, ya no hay ataúdes».

Hacia adentro, en los hogares, la calamidad es la brutal ira de dios; por ejemplo Zoila, sola en casa, diabética, sencilla, todos los días se levanta de sus lágrimas para buscar a su padre, Armengol López, y llega hasta las puertas del hospital Abel Gilbert y pregunta, llora, grita, reclama, ruega, y no le dicen nada. Hace un mes, el 3 de marzo, lo llevó para hacerle una tomografía, fue atendido por la doctora Jaramillo, y sufrió un derrame. Entonces se desató la crisis y él se quedó allí adentro y se supone que está allí adentro porque adentro se quedó, se supone, en el tercer piso, se supone, porque allí lo dejó Zoila cuando se fue a casa para dormir algo, hace un mes...; cuando volvió al día siguiente ya no le permitieron entrar y desde entonces ya no sabe nada, no le dicen si está vivo o si está muerto, los guardias no le permiten entrar, con razón, pero atentando contra el mínimo derecho de saber si su padre aún está vivo, allá adentro, o si ya murió y está amontonado en un container encima y debajo de otros cuerpos.

Oh sí, la ira de dios sobre los hogares destruidos en una ciudad desbordada.

Mi tío Kiko me decía el otro día en una llamada virtual: «de los compañeros universitarios de mi promoción de doctores ya han fallecido quince, solo de mi promoción ya han muerto quince, Cristian, quince».

Normalmente las catástrofes nos permiten un espacio para el heroísmo, pero esta no: esta está arrasando con todos, y los héroes, los doctores, uno a uno van falleciendo. Por ejemplo Nino, el doctor de cabecera de la familia, ya falleció. Normalmente las autoridades civiles han logrado más o menos encaminarnos, ya sea hacia la realización de sus intereses personales o hacia la realización de nuestros intereses públicos, pero esta vez parece que no hay camino y por ende las autoridades de la ciudad y del país solo parecen decir: «la humanidad va a superar esta pandemia, pero lo hará sin nosotros».

Lo más paradójico es que Guayaquil debería celebrar en octubre de este año el bicentenario de su Independencia. Sin embargo, los guayaquileños que sobrevivan estarán tan agotados de llorar a sus muertos que ya nadie recordará la libertad que ideó y nos confirió el poeta José Joaquín de Olmedo, porque cuando todo se trata de vida o muerte ya no hay idealismo posible, no hay poesía posible, salvo sobrevivir.

Si queda algún guayaquileño, quizás el próximo año no festeje el 201° aniversario de la Independencia de la urbe, sino el Primer aniversario de haber sobrevivido a esta pandemia, tan ensañada, tan crudelísima, tan mortal sobre «La perla», el «Guayaquil de mis amores».

HASTA LA POESÍA SIEMPRE Y DESDE LA POESÍA YA

Crónica N° 2

Poesía versus Coronavirus
5, abril, Guayaquil, 2020

Hermanos míos.

Juan va a enterrar a su madre mañana: su vecino venezolano, ebanista, rompió el sofá de su propia casa y construyó una caja para regalársela. Por fin. Por fin Juan podrá sacar el cuerpo de su madre y llevarlo al cementerio para darle sepultura, aquella dignidad elemental que hoy parece tan imposible, tan lejana, y que en los albores de la especie nos convirtió en humanidad; aquella dignidad de pronto tan ajena, porque esta pandemia enseñoreada sobre Guayaquil parece habernos convertido en ancestro de nuestros ancestros.

Zoila madrugó para seguir peregrinando por los alrededores del hospital Abel Gilbert en busca de un poco de piedad. Quiere encontrar a su padre: si vive, llevarlo a casa para que muera cerca, si ha muerto, llevarlo a cremar. Hacia el mediodía un barrendero se acercó a la malla metálica que divide la circunstancia de estar vivos y estar muertos y, luego de escucharla, le ofreció ayuda. Zoila agradecida, emocionada, lo vio perderse, entrar al hospital y no salir más. Ante la inminencia del toque de queda, decidió irse, desgarrada y desinformada nuevamente; sin embargo, volvió a verlo correr; le dijo: «aún no lo encuentro pero ya comienza el toque de queda; venga mañana». Y ella se fue, pero ya no desgarrada como siempre, se fue apenas sumamente triste.

El ebanista hizo lo que pudo con los muebles de su casa y con sus manos. El barrendero hizo lo que pudo con la velocidad de sus piernas y su tiempo. También Luigi hizo lo que pudo y madrugó para hacer fila por 10 horas hasta conseguir recargar el tanque de oxígeno para que su suegro respire. También Roberto hizo lo que pudo y consiguió que por fin alguien vaya a la casa de su amigo para levantarlo del piso donde estuvo tirado cuatro días. Todos hacen lo que pueden, pero con todo lo que pueden siempre logran mucho más.

Y aquellos que queman los cadáveres de sus parientes en las veredas, también hacen lo que pueden para que sus hijos ya no tengan que seguir respirando la descomposición dentro de casa. Y aquel hombre que se abalanzó sobre Carlos Luis para arrancarle las bolsas de comida, también hizo lo que pudo para que sus hijos ya no tengan hambre todas estas tardes de cuarentena económica. Y la Municipalidad de Guayaquil, también hizo lo que pudo y consiguió miles de ataúdes de cartón para sus ciudadanos muertos: sí, en la ciudad de mis amores, los muertos ya no irán al mármol, irán al cartón prensado y al papel.

Y es que quizás este pandémico dolor traiga consigo una pandémica esperanza: gente ayudando a la gente, gente combatiendo algo invisible para sostener a otros un poco más en lo visible, gente que no quiere conformarse para que sea posible recuperar la propia salud sirviendo a los demás.

Y yo también hice lo que pude. Usé palabras que de manera sorprendente se radiaron como una floración por Facebook. En esta crisis, industria indispensable es la poesía: hay que darle un yunque emocional al hombre para fraguar otros futuros.

Si antes un poema era hermoso, ahora debe hacerse útil; eso es lo hermoso.

Poeta en tiempos de pandemia: si las palabras sirven para que alguien más se quede en casa, si lo que escribimos ayuda a que alguien, en algún lugar del mundo, se quede en casa: tenemos un deber.

Y a ese deber, obedezco.

HASTA LA POESÍA SIEMPRE Y DESDE LA POESÍA YA

CRÓNICA N° 3

Poesía versus Coronavirus
Fecha: 6, abril, Guayaquil, 2020

Hermanos míos.

La llamada más aterradora de mi vida la hice hoy: mi alma ya sabe que la hice, mi corazón calladito ya sabe qué es lo que mi boca preguntaba y se aterró: sí, yo era el hablante, yo el insistente. Todo lo demás que vive en mí no me reconocía porque nada me había preparado para esto. Pero era yo. Lo que queda del «yo».

Pasó que falleció la madre de Marcelo, mi compañero de universidad y gran artista y, por ende, alguna vez su madre me brindó un plato de comida con cariño; y así la recuerdo ahora, sonriente y generosa, así la recordaré siempre, aunque la vida haya querido que lo siguiente que sepa de ella es que mi amigo y toda su familia están buscando una bóveda.

Ya averiguaron en todos los cementerios de la ciudad, en los públicos, en los privados, no hay. Así como el sistema sanitario ha colapsado, el sistema funerario ha colapsado. No hay.

De inmediato comencé a hacer llamadas para tratar de ayudar. Se sucedieron los espantos en lo que me contaban los amigos: José, ha visto con sus propios ojos a ancianitas cavando con pico y pala en el patio de sus casas para enterrar a sus maridos; Ramón ha visto con sus propios ojos a gente dejando a sus parientes junto al río para que los lagartos y los buitres acometan; Carlos ha visto con sus propios ojos a gente abriendo alcantarillas para arrojar adentro... ¡Ni siquiera hay cómo comprar un lugarcito en ningún camposanto de la ciudad! No hay.

Entonces hice la llamada, sí, la más aterradora de mi vida. Del otro lado, gentil, atenta y amistosa, una autoridad de otra ciudad, a 80 km. Le pregunté si había aunque sea un «huequito» y me explicó que hace algunos años habían adquirido un terreno en las inmediaciones del pueblo para construir un cementerio pero por ahora solamente es un potrero grande y distante. Entonces lo dije: «sería un acto de solidaridad política con toda una ciudad, con otro cantón».

Jamás me imaginé que alguna vez yo llamaría a una autoridad civil para pedirle un hueco, una cripta, algo, en donde poder enterrar a la madre de un amigo. Jamás. Me aterré. Me pregunto si alguien estará preparado para hacer una llamada así. Yo no.

Sin embargo, sirvió: lo van a hacer. Sí. La voluntad y la decisión, así como el potrero y el sendero, ya existen, pero aún hay que diseñar el protocolo, crear las ordenanzas, por lo que tomará una semana más. Mientras tanto, es posible que Marcelo tenga que mantener los restos de su madre junto a él y embadurnarlos de cal, embadurnarlos de café, embalarlos en plástico y mantenerlos en aserrín y hielo seco. Me aterré. Me pregunto si alguien estará preparado para recibir una respuesta así. Yo no.

Pero hice otras llamadas. En una de ellas, Zoila por fin me contestó. Así supe que una de las trabajadoras sociales del hospital le afirmó que su padre vive y descansa en una sala común del piso tres bien alimentado y con medicinas, por lo que «por favor, ya no se acerque al hospital porque está bastante contaminado». Al saber eso Zoila se abrazó con Luz María, su mamita de 85 años, y lloraron juntas.

Después llamé a Juan y supe que su madre por fin descansa en paz, por lo que de inmediato llamé a José, el ebanista venezolano con el fin de expresarle mi gratitud. José me contó que aquella caja la hizo en seis horas junto a Lucía, su esposa, porque hace poco fallecieron en Venezuela tanto su padre como el de ella, y dado que no pudieron ir a ninguno de los funerales, el hecho de fabricar ese ataúd era una manera de enterrar a los suyos mientras ayudaban a alguien porque «también hemos recibido durante estos 3 años mucha ayuda de los ecuatorianos sin pedirnos nada a cambio».

Mientras tanto, en la frontera sur del país, se ha desplegado el ejército peruano con tanquetas de guerra, helicópteros y vehículos blindados, pertenecientes al Batallón de Infantería «Cahuide» 211 de la 9na Brigada Blindada, como medida de seguridad preventiva para evitar que «los ecuatorianos y los venezolanos lleguen a Perú con el virus».

Me aterré. Me pregunto si alguien...

HASTA LA POESÍA SIEMPRE Y DESDE LA POESÍA YA

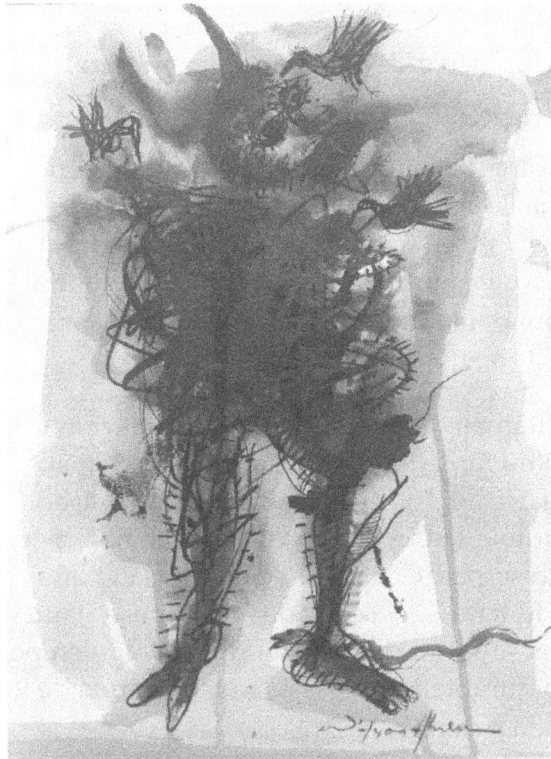

La suerte del poeta en tiempo de pandemia

Wilson Abreu

Lázara Ávila Fernández
(Cuba)

Autora cubana, filóloga y editora. Su narrativa nos acerca fundamentalmente, a la vida contemporánea del cubano de a pie mientras que en su poesía el tema del amor es el protagonista principal. Ha publicado los libros de poesía *Te escribo* (2017), *Cinco poemas de amor* (2015), *Te amé* (2016), *Alguien* (2016), *Lluvia amarga sobre tulipanes* (2017) y *Ella* (2019); los libros de relatos cortos *El Regreso* (2017) y *Hashtag Cuentos* (2019); los libros infantiles: *La calabacita que quería ser princesa* (2017), *Las aventuras de Juancito: O el niño que vino de Marte* (2018), *Mariano, Tinito y Campeón* (2019) y *El príncipe de los augurios* (2019). Autora de las novelas: *Llorar no cuesta* (2015), *Condenados* (2017) y *La Trampa* (2019).

La ignorancia esclaviza

La libertad se conquista al filo del machete, dijo el lugarteniente general Antonio Maceo y Grajales, un cubano que peleó contra el dominio español en el siglo XIX.

La fecha es lejana en el tiempo y las condiciones en las que se pronuncia esta frase también parecieran haberse esfumado dado que vivimos el siglo XXI. Sin embargo, el comportamiento humano, el defender o pelear por aquello que se considera un derecho, continua vigente y no da señales de que vaya a cambiar. Es una cualidad del ser humano estar en constante búsqueda: o bien del cambio o negando o apoyando una situación cualquiera.

Para Sócrates, filósofo griego de la antigüedad y según dice un artículo consultado en la red de redes en el epígrafe titulado: «El intelectualismo moral socrático»; el conocimiento es condición de la libertad y la ignorancia por el contrario esclaviza.

¿Pero a qué viene todo esto? ¿Por qué preocuparnos por un concepto que debería estar muy claro a estas alturas de la historia de la Humanidad?

Siguiendo a Sócrates y al citado epígrafe: Un individuo sin conocimiento de sí y del mundo en el que vive es como un barco a la deriva: no va donde quiere, sino donde es llevado por los vientos y las mareas; y, por lo tanto, no es libre. Para Sócrates, se trataría de un ser humano que no se comporta como tal, como le corresponde a un ser humano hacerlo, sino cómo se comportan los seres irracionales.

Y es esa irracionalidad la que llama la atención de no pocos, en momentos en que los seres humanos están siendo atacados por un coronavirus capaz de llevar a muchos a una condición de salud crítica y en el peor de los casos a la muerte.

Un virus que ha puesto al mundo de cabeza.

Por una parte, la mayoría de los gobiernos retrasó sus respuestas mientras que muchos ciudadanos desoyeron las alertas sobre la necesidad de mantenerse en casa, de no salir y así no contribuir a la propagación del nuevo germen. Se cerraron fronteras, se cerraron negocios, se crearon paquetes de ayudas. Y confiamos nuestra salud y cuidado al personal médico, aun cuando parte de esa fuerza pudiese quedar expuesta y morir como ya ha ocurrido.

Las situaciones planteadas por covid-19 han sido complejas. El mundo en su articulación actual ha sido ineficaz en el manejo de la crisis y suena a caos, un caos del que se derivan muertes, decisiones sumarísimas sobre quién debe morir y quién no ante la falta de recursos esenciales como un respirador y ante la terrible realidad de que a pesar de los esfuerzos desde el inicio de la pandemia no se ha contado con una vacuna que pueda poner freno al mal y ni siquiera se tiene un tratamiento eficiente.

El colapso de hospitales, de los servicios fúnebres, de las economías de la mayoría de los países donde el virus coquetea con quedarse y el hacer del covid 19 una batalla partidista, política a nivel doméstico e internacional, es un escenario real, difícil de superar y de entender.

Quizás por ello muchos, en desconocimiento, aboguen por la apertura de estados y economías, amén del riesgo que ello signifique. Hay una falsa ilusión de lo que es la libertad o al menos esa es la imagen que proyectan los que enardecidos defienden o lideran la pelea para que las economías sean abiertas antes de tiempo. Es cierto, que el cierre provoca incertidumbre, bancarrota, hambre, pero apretarse el cinturón podría ser una manera digna de ser libres porque con ello habría menos muertes.

La ignorancia esclaviza, y yo acotaría nos hace tomar decisiones desacertadas que podrían ir en contra no solo del bien propio sino del de todos.

Pérdida

Sobre la ciudad
desperdigadas las almas
vuela el insomnio
mientras en arrebato te busco
pero, no estás
nunca estuviste
ni estarás.
Ahora es peor
tras los balcones los ojos
tras las ventanas los ojos
fustigando
la angustia de la espera
ahora solo somos el unicornio y yo
en soledad.
Sobre la ciudad el repaso
idiota
de la muerte
preguntando quién da más
por la cofradía
de la monja
y la santa del dolor
por las lágrimas
quién da más
por los que ya no estarán
quién da más.
Democracia de aguinaldos
y mentiras
libertad que cobra el precio
del niño que perdió a la madre
y de la prostituta
que por corpiño
solo ojos lleva.
Democracia y libertad de movimientos
en esta ciudad cansada
mientras te busco
y me convenzo de nuevo
que no estás
que no estarás.

RICARDO BALLÓN
(Bolivia)

Escritor de poesía, cuentos, y artículos de prensa. Oriundo de La Paz, estudió Comunicación Social en la Universidad Católica Boliviana y un posgrado en Comunicación Política en CEBEM-Complutense. Autor de los libros de poemas, *Cabriolario* (2001), *El Diario de la Sombra* (2016), libro de Haiku: *O-ir al arroyo* (2016), *Niños de piedra* (2017) y *Cal y canto* (2018). Sus poemas han sido publicados en antologías literarias de la revista *Hipótesis* (1977), Festival de Poesía Ciudad de Nueva York (2013), *Muerte y Poesía* (2016), *Antología de Poemas* (2017), *Ganarse la vida para siempre* (2017), *Poetas bolivianos contemporáneos* (2018) y *Voces en la madrugada* (2019).

Re-versos de pandemia

Hoy ausente,
la mujer doblada
en esa esquina
de farol parpadeante
con la noche silenciosa
en sus ojos enrojecidos
la furiosa manteca
quema el chillido de sus hijos
la espera en llamas
arde en su alma
que un día tuvo quince años
pero nunca se dio cuenta.

Ya no camino por el camino
ando preguntando a mi sombra
si ha visto pasar a los gatos del tiempo
por el tejado donde saltábamos
con las gotas de la lluvia
siento el llanto de las ventanas
empañar los días estancados
abandonados espejos del cielo
charcos resquebrajados
de horas desesperadas
queriendo retornar al pasado
dado este futuro escondido
bajo el barbijo incierto
atascado en cualquier calle
sin rumbo ni porvenir alguno.

Se perdieron las huellas
de cuando éramos caminantes
ya no se harán caminos
el andar es una nostalgia
la locura una vieja creencia
lo único que queda
es este viejo silencio
con el que encaramos el miedo
mientras acecha la muerte.

Soy aquel caminante sin rumbo
ese charlatán asiduo de cafetería
con el libro de bolsillo y café chico
intentando cortar la historia
con mala leche
agitando la crema subversiva
en esta historia negra y amarga
leyendo en la borra
cómo se secaba el futuro
que hoy nos tiene
con los labios tapados.

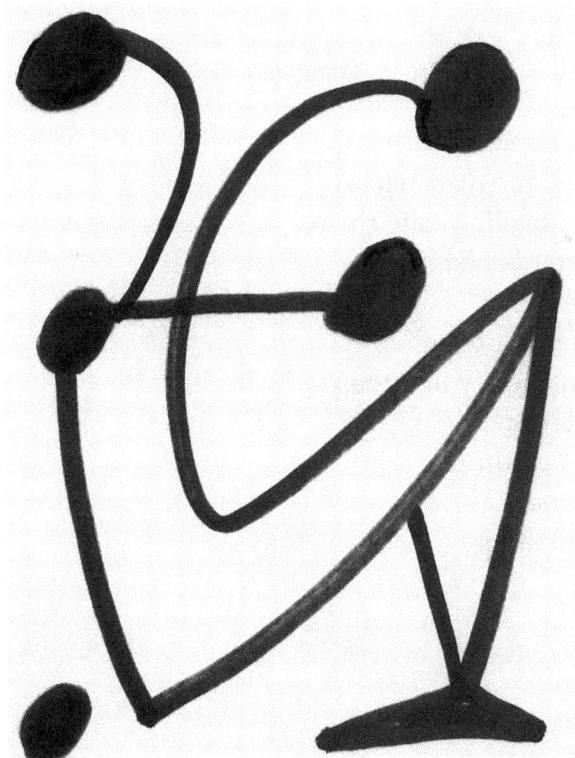

Odalis Pérez

CARMEN BERENGUER
(Chile)

Poeta, artista audiovisual y reportera. Su poesía se ha reunido en varias antologías y ha sido editora de las publicaciones *Hoja X Ojo* (1984) y *Al Margen* (1986). En 2008 ganó en premio Iberoamericano de Poesía Pablo Neruda, convirtiéndose en la segunda mujer y primera chilena que ha ganado este galardón. Su obra es extensa y variada e incluye poesía, ensayo y crónica, entre las cuales se encuentran *Bobby Sands desfallece en el muro* (1983), *Huellas de siglo* (1986), *A media asta* (1988), *Sayal de pieles* (1993), *Naciste pintada* (1999), *La gran hablada* (2002), *Chiiit, son las ventajas de la escritura* (2008), *Mama Marx* (2009), *Venid a verme ahora* (2012), *Maravillas pulgares* (2012) y *Mi Lai* (2015).

Covid 2019

Y esto no es todo

De solo pensar que este virus
Me ha convertido en asesina
Ya que sueño con capturarlo
Paso días de sol achicharrada
Tomo litros de jugo de limón
Bicarbonato para alcalinizarme
Me sirve además para el brote de algún tumor
Y si logro matarlo antes que llegue al pulmón
Pase de largo a los jugos gástricos del estómago
Y fatídicamente muera en mi propio cuerpo
Nadie podría juzgarme porque la quimioterapia
Me borró las huellas.
Sería el fin del corona saurio.

Y no es todo

Si hubiera reaccionado a tiempo
Con el deseo de sacarlo de la casa
del vecindario del país
Todo hubiera sido más llevadero
Que este tormento de lavarme las manos todo el día
El suplicio de cambiarme la ropa a cada rato a cada instante
El calvario de sacarme los zapatos cada vez que entro a la casa
La asfixia que siento al taparme la boca y los ojos
El terror que me vengan a buscar en una camilla

Y eso no es todo

La pesadilla de haber perdido la batalla frente a este asesino
El infinito dolor que siento por ser vieja
y morir sin nombre sin amigos sin nadie

Y eso no es todo

Sin duda que aplaudirían
por su eficacia en el laboratorio de Bioterrorismo
En donde se han servido de todos los avances
De las nuevas nanotecnologías
Como pegar borrar y modificar virus DNA RNA
Y ponerle antenas para matar viejos
Y todo lo que estorbe en este futuro actual en el mundo de la
robotomía.

Y eso no es todo

Los que pensamos en el futuro llegó antes del fin de este escenario
Como lo conocemos que es hoy y mañana
Cuando nos asomemos al balcón de nuestros guetos verticales
Saludando el sol y el jabón que mató a este pequeño virus Satánico
Sonreiremos y saldremos felices abrazándonos
Ya que lo que soñamos despiertos encerrados en nuestras madrigueras
De hacer pan casero y huertas en nuestros balcones
Estaremos cansados con hambre y sin trabajo
Y más endeudados aún porque firmamos desesperados
Papeles para continuar viviendo
Que hasta los animales perdieron el rumbo y salieron a buscarnos
porque pensaron Que ya no estábamos aquí

Deshielo

Ivonne Sánchez Barea

KARY CERDA
(México)

Poeta y fotógrafa mexicana. Es Licenciada en Sociología por la UNAM y tiene estudios de Maestría en Demografía por la Sorbona, Universidad de Paris I. Se le han publicado once libros de poesía: *Soirs de Vignes* (1984), *Caracol Aventurero* (1996), *De tu piel a mi universo* (2010), *Usumacintamente* (2012), *Por la Vida Una* (2012), *Los Nombres de la Tierra* (2016), *Tierra Nueva* (2016), *La falda de Jade* (2017), *Océano Mudo* (2017), *Meridiano de Intemperies* (2018) y *Magma y Arena* (2020). Ha ilustrado más de cuarenta libros con sus fotografías y un libro de narrativa infantil. Ha participado en recitales internacionales de poesía en México, Canadá, Costa Rica, Cuba, El Salvador, Francia, Honduras, Los Ángeles, Washington, Nueva York, Puerto Rico y República Dominicana. Forma parte de diversas antologías mexicanas e internacionales. Sus poemas han sido traducidos al francés, inglés, italiano y maya, entre otros.

SALTO AL ABISMO

Para la Dra. Sagrario Hierro, jefa de Dermatología y
coordinadora de residentes en las áreas del COVID-19.
Hospital 20 de noviembre de la Ciudad de México

Se resguarda
en el quehacer cotidiano
que le ha dado rumbo
y la mantiene ignorante
del aburrimiento
y la desdicha

bajo su responsabilidad
asume riesgos
se juega entera

con experiencia
encara el estrépito
del pulso silente
sólo anhelaba
verlo salir restablecido

ese es su triunfo
y su estandarte
que la vida siga

ejerce su voluntad
de mujer
de ochenta y un años
sin permitir que el miedo
propio o ajeno
la confine

ante el vaivén
de las pandemias
marca el rumbo
con la vida
bien puesta en el semblante

el hospital es un barco
donde se aprende
el salto al abismo

ella
Sagrario Hierro
lo practica a diario.

Encuentro de Enoc en tiempo de Corona Virus

Wilson Abreu

BENJAMÍN CHÁVEZ

(Bolivia)

Premio Nacional de Poesía, 2006. Ha publicado los libros de poemas: *Prehistorias del androide* (Premio Luis Mendizábal, 1994), *Con la misma tijera* (1999), *Santo sin devoción* (2000), *Y allá en lo alto un pedazo de cielo* (2003), *Extramuros* (2004), *Pequeña librería de viejo* (Premio Nacional de Poesía, 2006/2007), *Las invasiones perdidas* (2012) y *El libro entre los árboles* (Premio Edmundo Camargo, 2013); y las antologías *Manual de contemplación* (La Paz, 2009), *Arte Menor* (Monterrey, 2014), *Cierta perspectiva de eternidad* (Buenos Aires, 2018) y *Poemas* (Lima, 2020). Es también autor de la novela *La indiferencia de los patos* (2015) y de *Los trabajos y los días* (columnas literario-periodísticas, 2017). Ha escrito cuentos y ha compilado antologías. Es editor del suplemento cultural «El Duende» y co-editor de la revista *La Mariposa Mundial*. Es director del Festival Internacional de Poesía de Bolivia. En 2012, como parte de un equipo de tres cronistas y tres fotógrafos, obtuvo el Premio Internacional de Crónica Elizabeth Neuffer de las Naciones Unidas, por la serie de reportajes *Viaje al corazón de Bolivia*. Parte de su obra ha sido traducida al alemán, inglés, italiano, rumano y estonio, y figura en una treintena de antologías de América y Europa.

Temporada de estreno

Voces anónimas ensayan
diálogos y soliloquios
(sobre todo soliloquios)
en un cubo negro
donde no hay más ruido de calle
ni murmullo de gente.
Tras el tapiado ventanuco que cierra la platea
y buena parte de la vida
late el tambor tribal de los marginales.
Pulsión dramática que se cuela por las rendijas
y quiere alcanzar los rincones de la ciudad.
Las aguas de una temporada floja
con elenco de experimentados principiantes
anegan toda esperanza y
la taquilla se aleja en bajamar.
El coro resignado al mismo sitio
desde hace miles de años
tétrico o solemne — pero sobre todo distante
anuncia que
somos nosotros
(deseo de mortales / inmortales
con final de incierto aplauso)
el triste espectáculo.
Sin embargo queda la duda
hasta el día del estreno
este teatro de barrio
es ahora el mundo entero.

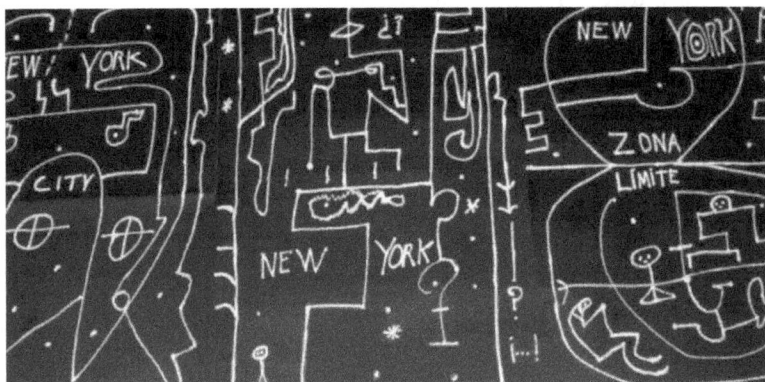

Odalis Pérez

FRANCIS COMBES

(Francia)

Vive en los suburbios de París con su esposa, la periodista Patricia Latour. Junto con treinta y tres escritores Fundó *Le Temps des Cerises* en 1993. De 2011 a 2017, dirigió la Bienal Internacional de Poetas en Val-de-Marne. Poeta, ha publicado una treintena de libros y colecciones de poemas, entre ellos: *Cause commune, La France aux quatre vents, Si los síntomas persisten consultar a un poeta, Cartas de amor poste restante*; ensayos, como *La poética de la felicidad*; y entre las novelas está *La Galère*. Actualmente es miembro del Comité Coordinador del Movimiento Mundial de Poetas (WPM).

LA GRAN AVERÍA

Cuando durante varias semanas en la Tierra entera
todo se detuvo
quedó de pronto muy claro
que el cielo podía ser azul,
que la vida tenía más valor que el dinero,
que de cuanto estábamos produciendo
poco era lo verdaderamente necesario,
que bastaba trabajar
dos o tres horas por día
y darle a cada persona los medios para vivir normalmente
y ocuparse de lo que realmente importa:
el amor, los niños, la vida, la poesía...
Cuando todo se detuvo
durante varias semanas
quedó claro que en la Tierra entera
solamente había un mar,
una atmósfera,
una humanidad.

13 de abril, 2020
Traducción de Bernardo Schiavetta

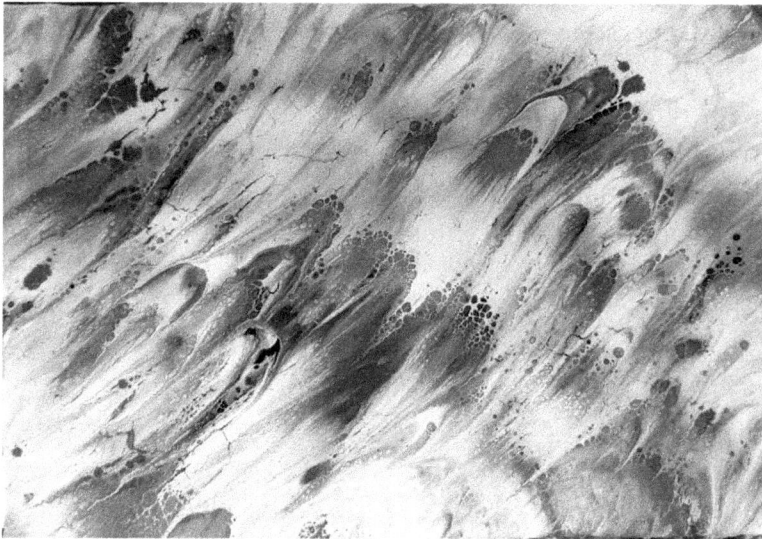

Plumas de poeta

Ivonne Sánchez Barea

FER DE LA CRUZ

(México)

Es maestro en español por Ohio University y en otoño de 2020 inició sus estudios de doctorado en la Universidad de California, Irvine. Ha recibido algunos premios como el Internacional de poesía Ciudad de Mérida 2019 y el Estatal de Literatura para Niños Elvia Rodríguez Cirerol 2015. Ha publicado más de 20 títulos de poesía lírica, satírica, para niños y traducción literaria. Estos poemas forman parte de *Covidario veinte veinte: 20 + 20 poemas desde la cuarentena* (Ablucionistas, 2020). Con dicha editorial también acaba de publicar su poemario *Necesidades*, bajo la colección Poesía Pandémica.

La peste del insomnio

Así continuaron viviendo en una realidad escurridiza
Gabriel García Márquez, *Cien años de soledad.*

Muchos creen que la peste del insomnio
se originó en Macondo, más allá de la ciénaga.

La gente en perenne vigilia
lo fue olvidando todo,
desde los simples días de la semana
hasta la utilidad de un sacapuntas,
los nombres de los hijos,
el saludo cotidiano
y el rostro ante el espejo.

He notado los síntomas en Mérida,
los pasos hacendosos a media madrugada,
las miradas volátiles detrás del cubrebocas…

No en Macondo inició la desmemoria
sino en el propio espejo, cuyos ojos de vidrio
multiplican las profundas aristas del encierro
y nos hacen olvidarnos de las puertas.

Cuando el encierro pase

Cuando el encierro pase,
la pesadilla, el desconsuelo, el llanto,

la elisión, el paréntesis, la elipsis,
la duermevela, el túnel cotidiano,

el fastidio, la basca, la zozobra,
el maloliente efluvio del pantano,

la voz agonizante en el desierto
o sus ecos silbando,

el susurro lindante de la muerte,
las cifras rojas en el calendario…

…cuando

…cuando

las mandíbulas del círculo liberen
el desenlace mítico, tan solo imaginado,

cuando la profecía sea recuerdo
o la bitácora de un trago amargo,

cuando lo prometido esté saldado
y nos curemos del adverbio cuando.

Las cifras a la fecha:

27 de abril de 2020

Cubrebocas, barbijo, mascarilla,
tapabocas y máscara quirúrgica…
sinónimos variados o nobles eufemismos,
transformados ahora en la mordaza de tela
voluntaria
para hacer un silencio
de un minuto
por los 208
millares
en el mundo
que, en sus lenguas,
dialectos, idiolectos…
cada uno en su voz irremplazable,
no volverán a hablar.

Han matado en el mundo los colores

Habrá sido algún niño
tan solitario y cruel como cualquiera,
con juguete de diábolos, de diablos,
una mañana gris en cuarentena.

Habré sido yo mismo en un sueño paralelo,
enceguecido en el confinamiento
armado con…
¿quién le regala a un niño semejante juguete?

Un tucán surcó el cielo citadino,
tan dispuesto,
tan fuerte cacareando sus colores,
y yo tan gris,
el mundo, hoy, tan gris…

¿Viviré mañana?

> *Will I live tomorrow? Well I just can't say.*
> Jimmi Hendrix, *I Don´t Live Today.*

Al despertar, asoma la pregunta
si veremos la luz al final de este paréntesis.

Escucho a Jimmi Hendrix a lo largo del día.
Dice que el sol no entra en su ventana

y que hoy por hoy no vive
y que espera sentado en el fondo de una tumba.

La cesura nocturna es un respiro
para seguir el paso de la espera.

Si mañana habrá puntos suspensivos,
no lo puedo afirmar,

pero hoy la poesía, la música y ustedes
me mantienen de pie.

¿QUEDARÁ ALGO EN PIE?

Lo cierto es que nada queda en pie
Alexis Soto Ramírez, *Predicadores*

Fue una Cuaresma ardua, eternizada,
después de un Carnaval inadvertido.
Fue una última cena inacabada
con cargo a cuenta, a pago diferido.

Fue una crucifixión ralentizada,
un Viernes Santo harto repetido,
en esta casa descontaminada
como un asomo al cielo prometido.

Fue un puente laboral multiplicado
por un Día del Trabajo tan difuso
del calendario sintomatizado.

Fue el largo parpadeo de un recluso
en medio de mi sueño inacabado
de nuestro devenir aún inconcluso.

[De: Covidario veinte veinte - selección]

Virus manía

Wilson Abreu

CLARIBEL DÍAZ

(República Dominicana/EE.UU)

Poeta, ensayista, psicoanalista y educadora. Realizó sus estudios de Psicología y Letras en la Universidad Autónoma de Santo Domingo. Miembro del Taller Literario César Vallejo. Integrante del Movimiento Psicoanalítico Dominicano, institución que empezó a difundir la enseñanza freudiana y lacaneana en el país desde principios de los 80. Reside en los Estados Unidos desde 1996 y realizó estudios de maestría en el área clínica y social en la *New York University*. Actual vicepresidenta de la primera Asociación de Escritores Dominicanos en Estados Unidos -ASEDEU. Tiene publicados los poemarios: *Ser del silencio/Being of Silence* (edición bilingüe, 2003), *Órbita de la inquietud* (Obsidiana Press, 2010) y *Tránsito a la Vastedad* (2018). Textos suyos, de diversa temática, aparecen en revistas, colecciones antológicas y otros medios de difusión.

Amor bajo ley marcial

A Wilson Abreu
Mi compañero y esposo, con el amor de lo infinito.

Si hoy no estuvieras,
yo extraviaría el rumbo de la risa,
de tu risa interminable, envolvente, contagiosa,
que alcanza para construirle un habitáculo permanente a la ebriedad
o al desvarío
en la quietud de este derredor que apenas nos sostiene.

Si tú no estuvieras hoy,
si no te diera el aliento para morder algún mendrugo de eternidad,
yo me abrazaría a la espuma
o a la sal
sin dejar de escudriñar los rizos de las nubes
o abandonar el camino del miedo.

Si te extraviaras hoy en la densidad de esta lúdica agonía, de esta plaga
sin certezas,
hallaría tu esencia virginal en los espejos
en las ventanas
en los cristales
en las grietas aún apretadas de esta mansedumbre.

Si no estuvieras en este tiempo de rendirse y de esquivar promesas de
marfil,
de hacerle compañía a los espantos,
o monumentos a esta visión de los despojos,
te encontraría en los espíritus sin redes y
sin memoria,
ese vestigio de helechos paulatinos,
de hiedras maniatadas
o de mártires sin guerra.

Si hoy te fueras de esta faz,
de esta sed,
me arrastrarían tus cabellos de mar, tu sexo subyugado o la ternura que
a ratos escapa del susurro de las fieras.

Si hoy quedaras atrapado
por esta torpe tempestad,
yo dibujaría tu niñez interminable,
poco a poco
paso a paso
con trazos de tu voz o tu silencio.

[De: *Mis escritos para un Tiempo de Pandemia*]

Sofía Estévez

SOFÍA ESTÉVEZ

(República Dominicana)

Poeta y escritora de Santo Domingo, estudió licenciatura en Estudios Internacionales y maestría en Lenguas Extranjeras en la Universidad George Mason, en Fairfax, Virginia. Ha publicado el poemario *Los abrojos del bien* (2019) y varios de sus poemas aparecen en la antología *Voces en la Madrugada* (2020). También ha publicado algunos cuentos en *Mirando al Sur, antología desde el exilio* (2019) y sus relatos y poemas se han difundido en varios periódicos y revistas locales. Ha presentado su obra en festivales y programas en EE.UU, México, El Salvador y Rep. Dominicana. Forma parte del colectivo literario Alta Hora de La Noche. Trabaja como profesora de Español, traductora y editora. Vive en Alexandria, Virginia con su hijo Felipe y su perra Marcella.

En vilo

Hay árboles esperando estrellas
otros que alfombran pasos
el viento mece sus melenas ralas
— proyecciones de hipotenusas sin catetos —
las aceras tienen cierta melancolía
cuando la noche agobia la tarde
y el jueves se parece al domingo
mientras el mundo aguarda un milagro.

Lo curvo

La Tierra exhibe su inalcanzable redondez
desde de la cima de un colador de saudades
ella rota sobre su eje complacida
yo giro en traslación sobre su borde
engaño de cartografía circular.
Hay un barquito que no puede navegar
la corriente lo arrastra hacia el abismo
—la fuerza centrípeta sostiene—
yo envidio su inercia horizontal
mi corazón se escapa de toda curvatura
quisiera una franquicia gravitacional
que contenga certezas y ternura
que detenga la velocidad del espanto
y alivie la tensión de estos días aporreados.

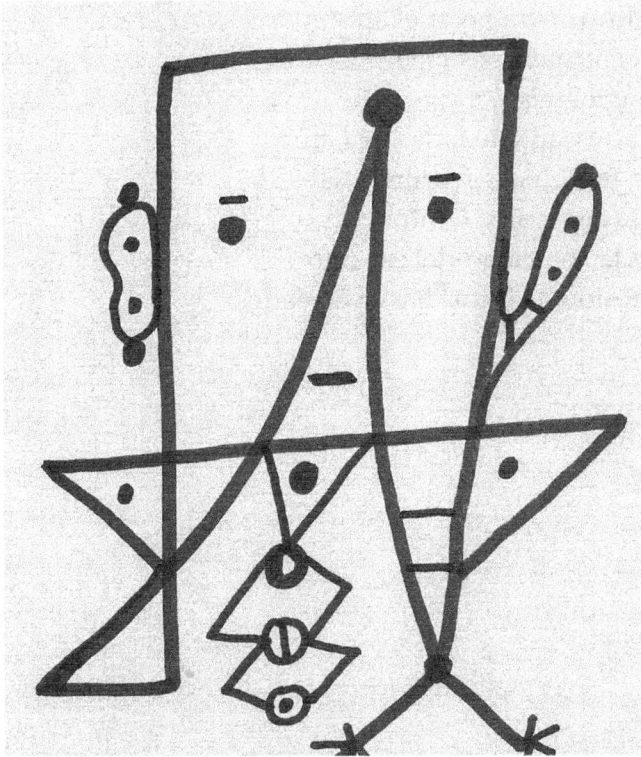

Odalis Pérez

ISAÍAS FANLO

(España)

Escritor, académico, gestor cultural y traductor nacido en Lleida, es doctor en humanidades por la Universidad de Chicago (EEUU), con una tesis sobre teatro queer. Publicó *El llibre rosa* ("El libro rosa"), su primer libro, a los 23 años, y algunos de sus cuentos y artículos han aparecido en revistas y periódicos de España, Colombia y Portugal, como Revista *Contexto*, *Em Cena*, *Núvol*, *Arcadia*, *Ara o Zero*, además de varias compilaciones. Ha sido coordinador de contenidos artísticos en el Teatre Nacional de Catalunya (Barcelona), asesor en teatros de prestigio como el Teatre Lliure (Barcelona) y el Goodman Theatre (Chicago) y es miembro fundador de la asociación Coincidències, con la que organiza el festival de artes escénicas en las azoteas de Barcelona Terrats en Cultura (Premio Time Out 2016, Premio Butaca 2019). Acaba de finalizar su primera novela. www.isaiasfanlo.me

La vida, pese a todo

Supongo que tenía que llegar aquella fase en la que fijamos la vista en un *después* vago e impreciso. La fase en la que, para soportar este presente anodino, turbio, que nos cae encima, que se precipita en bucle sobre nosotros, cada día, sólo nos queda proyectarnos hacia una idea de futuro. Hacia las preguntas que nos esperan en lo que vendrá. Hacia la vida después de la pandemia, cuando podamos salir a la calle, a las zonas compartidas. ¿Qué encontraremos, *ahí fuera*? ¿Cómo será este futuro post-covid-19?

Una cosa parece clara: en este futuro vamos a necesitar luz. Confinados en estas paredes, nuestro mundo menguante se llena de penumbras. Como si viviéramos en la cueva de Platón, rodeados de sombras, a merced de las intuiciones.

Intuiciones que dejan más dudas que certezas. Filósofos, analistas y sociólogos repiten que estamos frente a una oportunidad para repensarnos, como individuos y también como sociedad. Se nos presenta, sin duda, un interesante punto de inflexión: frente a nuestras narices, el capitalismo entra en colisión frontal con un derecho tan básico como es la salud. ¿Hasta qué punto somos capaces de parar el mundo sin que se rompa la cuerda que tensa nuestro sistema económico? ¿Cuál es el precio (tasado en número de muertos) que los estados están dispuestos a pagar para que la economía se mantenga a flote?

Frente a estas preguntas no hay lugar para medias tintas. O se es pesimista («no cambiaremos, somos demasiado egoístas») o se es optimista: «todo va a cambiar después de esto, ha llegado el tiempo de la nueva revolución». No hay punto medio: vamos por una carretera desconocida dando volantazos, incapaces de soltar el pie del acelerador. Nuestra sociedad digital, líquida, inmediata, la sociedad del aquí y del ahora, la sociedad de la impaciencia, no está preparada para el camino turbulento e ignoto que serpentea frente a nosotros.

Sobreviviremos si somos capaces de abordar las preguntas del después tras sacudirnos todo este frenesí que parece ya obsoleto.

Y no será fácil. Los entes políticos y económicos que ahora mismo rigen el mundo (desde las estructuras estatales hasta la bolsa o el FMI) van a hacer todo lo posible para mantener vicios y virtudes de un sistema que se ha cimentado sobre una jerarquía de privilegios (las nuevas castas) basado en las políticas identitarias y el reparto desigual de beneficios. Se trata de aparatos poderosísimos, ubicuos, que no dejarán de proponerse a sí mismos como la única opción posible. Bienvenidos al Mátrix de nuestro tiempo.

Así pues, la única reacción podrá venir de parte de los individuos. A lo mejor necesitamos una pandemia mundial y una crisis devastadora para reaccionar. A lo mejor necesitamos que el hambre y la precariedad nos empujen a cambiar las cosas desde abajo —que es, a fin de cuentas, desde donde se articulan los cambios auténticos.

A algunos de nosotros, esta sensación de miedo y perplejidad, de sentirnos acorralados por un virus, no nos resulta del todo extraña. Hace unos días lo hablaba con Jonathan Katz, activista histórico de los derechos LGTBI y uno de los fundadores de Queer Nation. «Estos tiempos me son extrañamente familiares», me decía. «Los amigos que se mueren, el gobierno que no hace lo suficiente, el terror de sabernos perseguidos por un enemigo invisible, la manera como aquellos que tenemos más cerca nos resultan del todo necesarios para la supervivencia, y, potencialmente, el vector de una enfermedad que puede matarnos. No hace falta que te diga que estoy teniendo flashbacks». Salvando las distancias oceánicas que hay entre ambos virus, el colectivo LGTBI, muy especialmente los gais y las personas trans, vivimos esta incertidumbre en nuestros propios cuerpos con el sida, cuando éste resultaba letal, antes del descubrimiento de la triple terapia a mediados de la década de 1990.

Lo sé: estoy mirando hacia atrás para pensar en lo de delante. Quizá se trate de eso, de fragmentar nuestro aprendizaje, de buscar recursos precarios en las hebras de la memoria.

En aquel momento, los gais nos vimos acorralados por un virus cruel, que quebraba los cuerpos, los deformaba y los devoraba en un banquete macabro. Pero también nos vimos atacados por la sociedad: tanto por unos aparatos estatales que no supieron reaccionar y que nos dejaron abandonados a nuestra suerte, como por el estigma que nos llegó de parte de la gran mayoría de sectores, que nos volvían a mirar con rechazo, como si fuéramos seres sucios, merecedores del castigo que recibíamos. Un estigma, por cierto, contra el que todavía tenemos que luchar en una sociedad como la nuestra, heredera de actitudes puritanas y censoras.

Estábamos en el epicentro de la pesadilla, y teníamos que afrontarla solos. Y sólo la pudimos superar de dos maneras. La primera, reiventándonos como comunidad, creando símbolos, memoriales, cuadros, fotografías, escribiendo novelas, poemas, obras de teatro que nos brindaran una narrativa y que, frente a tanta muerte, preservaran las voces de aquellos que nos habían sido arrancados prematuramente; tuvimos que reinventar los afectos, nuestra manera de amarnos y de desearnos; reinventamos los funerales, reinventamos la trascendencia de una familia de elección: a golpes, nos hicimos más fuertes.

La segunda manera de sobrevivir a la plaga, como dice el título del magnífico documental de David France, fue salir a la calle y exigir, a gritos, que nos hicieran caso. Se crearon asociaciones como ACT UP, formadas por personas solidarias con la tragedia que nos rodeaba y por individuos que se veían condenados a una muerte segura. Sin nada que perder, lo arriesgaron todo y se entregaron a intervenciones radicales en espacios públicos y privados: calles, plazas, iglesias, ayuntamientos, sedes de empresas farmacéuticas. Fueron estos gestos de rabia los que aceleraron el proceso para conseguir los tratamientos necesarios y para distribuirlos de manera ecuánime.

Yo, que soy de una generación posterior, no llegué a vivir estos momentos dramáticos de comunidades radicales y de activismo a vida o muerte. Y aun así, lo llevo gravado en mi ADN emocional, a través de las historias compartidas con amigos, mentores, familia de la generación precedente: Jaime Manrique, Sarah Schulman, Larry Mass, Martin Sherman. Esta es, también, mi historia. Y esta es la lección que, quizá, la comunidad LGTBI puede enseñarnos de cara al COVID-19: que se pueden cambiar las cosas, pero que hay que hacerlo desde abajo. Y que tendremos que activar la imaginación para repensarnos como sociedad, más allá del contacto digital, inocuo y aséptico.

No son momentos de parálisis; son momentos de reflexión. En medio de esta pandemia logré defender con éxito, de manera telemática, mi tesis doctoral para la Universidad de Chicago. Lo hice con fiebre y el cuerpo cansado: yo también andaba arrastrando síntomas de coronavirus (ahora ya felizmente superado). Pero la vida, pese a todo, no se para. En la tesis, que observa las artes escénicas desde una perspectiva queer, le dedico un capítulo al teatro que nos habla del sida. Menciono una obra reciente de Matthew Lopez, estrenada en Londres y en Nueva York (antes de que los teatros de Broadway cerraran), llamada *The Inheritance*. La herencia a la que hace referencia el título es la del sida, pero también la sabiduría y las historias que transmitimos de generación en generación. Al final de la obra, Lopez hace un guiño a los *Ángeles en América* de Tony Kushner en una conversación imposible y maravillosamente fantasmagórica. «¿Y ahora qué?», se pregunta Henry, un personaje que ha sobrevivido el paso del tiempo y las muertes de la pandemia. En escena, entonces, aparece Walter, su pareja de toda la vida, muerta años atrás (¡ah, la magia del teatro, que consigue reunir a vivos y muertos en escena!). Walter toma el rostro de Henry con las manos y le besa con ternura, antes de responderle:

«Haz lo que los otros no pudieron. Vive».

He aquí la respuesta, el giro copernicano sencillo y contundente. Tenemos que recoger todos estos muertos que nos dejará la pandemia y rememorarlos. Nos han dejado dramaturgos y escritores como Luis Sepúlveda, Aldir Blanc, Josep Maria Benet i Jornet, Terrence McNally, H. G. «Hache» Carrillo. Algunos de estos nombres son cercanos a mis círculos. El mejor tributo posible es releerlos y volverlos a llevar a los escenarios. A un escritor se le honra manteniendo viva su obra: es la manera de que nos sigan acompañando, a través de sus palabras. Es una forma de situarnos, en este mundo incierto, del lado de la vida. La vida, pese a todo, que nos espera allí afuera, con los jabalíes, las cabras y los ciervos que bajan a las calles de pueblos y ciudades, los delfines que han regresado a primera línea de costa, y que parecen decirnos que, si cambiamos mínimamente nuestros hábitos, podemos convivir en un mundo mejor. ¿Somos capaces de repensarnos, de abrazar esta otra idea de vida? ¿Tenemos la valentía suficiente para embarcarnos en este viaje?

Estas, al fin y al cabo, son las grandes preguntas que nos esperan allá afuera.

Espíritus Covid 19

Ivonne Sánchez Barea

KHÉDIJA GADHOUM

(Túnez/EE. UU)

Khédija Gadhoum (Ph.D.) es poeta, traductora y docente de literatura y cultura latinoamericanas en la University of Georgia, EE.UU. Es autora de *Celosías en celo* (2013), *Más allá del mar. bibenes* (2016), *Oltre il mare. bibenes* (2019). Es traductora de *Voces desde Taiwan: Antología de poesía taiwanesa contemporánea–Voices from Taiwan: Anthology of Contemporary Taiwanese Poetry* (España, 2017), y *Taiwan no es un nombre. 19 poetas taiwaneses contemporáneos* (Colombia, 2020). Ha traducido a poetas árabes y latinoamericanos. Sus poemas han sido publicados en revistas literarias y antologías nacionales e internacionales de poesía. Ha participado en festivales de poesía en EE.UU., América Latina, Europa, Taiwán y Túnez. Es finalista en *XXV Concurso Voces Nuevas de Poesía*, (España, 2012), y *Mención de Honor*, en el *XLVI Concurso Internacional de Poesía y Narrativa: La importancia de la palabra*, (Argentina, 2015). Su poesía ha sido traducida al inglés, mandarin-taiwanés, portugués, turco, rumano e italiano.

¿Qué ha sido de nuestra amnesia?

a diferencia de cualquier prenda que elegimos para lucir y seducir a los ojos y su exceso. a diferencia de la tradición invisible sostenida por un hilo que nos empuja a estirarnos en paz. una paz de tumba sórdida. una tumba recién ensillada con hilos, alientos y huesos que cubren los mudos pasos ancestrales. cruzamos el silencio de las miradas erradas bajo la luz de la incertidumbre. nos estremece el mismo calendario siempre cambiante, siempre en lenguas ceremoniales de todas las almas. no recordamos su nombre. tal vez fue ceniza.

¿qué ha sido de nuestra amnesia. dura? cuando ayer partimos el sol inmóvil de hoy con heridas de salvaje soledad. olvidada.

¿qué ha sido de nuestra anestesia que guarda secretos de campamentos desatados por vientos difuntos?

como niños volvemos a enhebrar aquellas agujas para añorar nuestra memoria en un lienzo…

El poeta confundido

Wilson Abreu

AGUSTÍN GARCÍA DELGADO

(México)

Mexicano. Vivo en Ciudad Juárez, Chihuahua. Nací en Jiménez, Chihuahua, en 1958. Estudié licenciatura y maestría en literatura en la Universidad Autónoma de Ciudad Juárez. Tengo un libro de ensayo sobre literatura, cuatro poemarios publicados y varios poemarios inéditos. Padre de cinco hijos y abuelo de diez o más criaturas lindas.

LLUEVE EN TIEMPOS DEL COVID-19

La lluvia, cuando estalla, barre pavimentos, barre el aire,
nos arrastra de la calle hasta la casa y nos aísla.
Nos encierra el aguacero, no con miedo de la peste:
con un temblor alegre nos confina.
Qué placentera en México, dos mil veinte,
una tormenta que al tedio baña y peina.

Ojalá barra los caminos con su furia líquida
derramándose en la piel de la tristeza;
ojalá borre las rutas y senderos,
nos obligue a buscar nuevas maneras
de acercarnos otra vez unos a otros.

Que, gracias al torrente de los cielos,
se disuelvan los brutales modos
y las buenas maneras, la palabra amable
florezcan como brotes nuevos
sobre el suelo verde del olvido.

ÁNGELES CON UNIFORME BLANCO, AZUL

Hay quien unta sangre al marco de su puerta
no sea que a la muerte le diera por entrar.
Mientras tanto, ángeles con uniforme blanco, azul,
armados con ese tirapiedras que se llama ciencia,
con escobas, también, y compasión
por los enfermos, aguardan
donde saben que la muerte ha de llegar.
Limpian camas de hospital, demoran a la muerte
hasta donde pueden amor y medicina.

Yo pondré en el árbol una cinta blanca:
es mi forma de aplaudir a nuestros ángeles
que van armados de una ciencia minusválida
y una vocación suprema.

En la calle hay peligro, además de los contagios:
ese lado imbécil de la gente
que ve amenazas donde está su alivio.
Gente que escupe al cielo, que golpea
contra su propio escudo.

Yo pondré una cinta blanca en la ventana.
Que cuando pase una enfermera, un intendente,
un médico que se descuida por cuidarme,
vea que hay un corazón agradecido.

En lugar de tinta roja o sangre en el dintel,
un listón blanco.

Visita con distancia obligatoria

Pues que traen a la niña, se queda en el auto
y desde ahí me saluda «con un abrazo distante».
Como siempre, tiene cosas que contarme:
hoy se puso unos zapatos rosas, con muchos agujeros
porque, le dijo la madre, sus pies deben respirar.
Sin bajar, debido a la pandemia
que nos impide darnos un abrazo,
me ven sus ojos de charquito cristalino,
como la inocencia en que todavía soñamos
y se me inunda el corazón de un agua refrescante.
Hablamos de los pájaros que tienen tan distintas voces,
hablamos de las hojas verdes
que empiezan a formar las frondas.
Cuando habla esta niña, y vaya que habla mucho,
su voz de pajarito llena mis oídos,
forma onditas en el agua de mi pecho.
Yo admiro su mirada tierna, más que los brotes tímidos del árbol.
La niña tiene ganas de saltar a la banqueta por jugar conmigo,
hace muecas y se ríe del cabello que casi ya no tengo.
Nos reíamos de todo,
de su cubrebocas negro,
de mi cubrebocas blanco.
Cuando es hora de marcharse,
y los padres de la niña ya encendieron el motor,
me manda con su vocecita:
«No olvides dibujar un corazón en la ventana».
Agradezco el polvo que hay siempre en esos vidrios
y planto para ella un corazón.
Esa orden, esa petición de la criatura
me dice que su amor es más grande que todas las pandemias.
El agua, ahora, es tibia.

LILIA GUTIÉRREZ RIVEROS
(Colombia)

Poeta, ensayista y narradora de Macaravita, Colombia. Química y bióloga, con estudios en astroquímica. Catedrática universitaria. Ganadora del I Concurso Mundial De Ecopoesía, 2010. Embajadora de la Paz del Círculo Universal de Embajadores de la Paz con sede en París y Ginebra. Fundadora y Presidenta de la Fundación *Poesía Sin Fronteras*. Ha publicado las novelas *Doble travesía* (Educar Editores, 2017) y *Valerio Valentín* (Babel Books, 2012, segunda edición, Editorial Atenea, 2014); el cuento de Navidad *Los duendes de July* (El Palatino, 2013); y los libros de poesía *Sinfonía del orbe, poesía competa* (Arte Poética Press, 2014), *Inventarios* (Ediciones Exilio, 2013); *Pasos alquilados* (Caza de Libros, 2011), *Intervalos*, (Contracartel Editores, 2005); *La cuarta hoja del trébol* (Ediciones Equilibrio, 1997); *Carta para Nora Böring y otros poemas* (Contracartel Editores, 1994); *Con las alas del tiempo* (Ediciones Tercer Mundo, 1985).

Asumir el nuevo espejo

Teníamos la felicidad y no la vimos.
Muy cerca estaba el abrazo y no lo compartimos.
La sonrisa del amor salía a nuestro paso y la esquivamos.

Corríamos detrás de un espejismo inalcanzable.

Huíamos de nuestro molde en la mañana
y al caer la tarde eludíamos el encuentro.

Muy temprano enviamos a los hijos
a impregnarse de la huida de sí mismos

a la competencia y al vértigo de su caída.

Dejamos en la trastienda
la sabiduría de los padres y de los abuelos.

Sucumbimos a la ilusión de alcanzar un peldaño
en la trampa de una pirámide de humo.

Perdimos la posibilidad del aire fresco
el canto de un río que convoca a sus canarios
la contemplación de la altura de la cordillera
y el asombro en noches despejadas.

Ahora los relojes se detienen
volvemos a casa junto a los que amamos
hallamos el café y el abrazo postergado
con el suspiro en el tiempo que se ha ido
y la inminente caída de la vanidad y el ego.

Quizá rescatemos nuestra ausencia
y el aroma de la vida en el espejo.

Odalis Pérez

CARLI HENMAN
(EE. UU.)

¡Hola! Soy Carli Henman, tengo 25 años y apenas me gradué de Ohio University con mi maestría en español. Recuerdo que asistí una reunión de «Rulfos Hut», un club donde se puede compartir poesía, con algunos poemas míos. Desde entonces mi profesor, el Dr. Lascar, me explicó que la poesía viene de un lugar muy profundo dentro de nosotros para compartir y comunicar nuestras vidas. Cada poema mío nació como producto de mis experiencias a lo largo de la vida e intento escribir de una manera metafórica, pero a la vez muy directa para que el lector pueda interpretarlo a su manera y aplicar el significado a su propia vida. Ahora soy maestra de español en un pequeño colegio en los Estados Unidos y escribo en mi tiempo libre.

La Pandemia real

En memoria por todos aquellos que han sucumbido a sus pensamientos oscuros.
Seré tu voz.

Te conocí aquella primavera.
Estaba caminando los pasillos vacíos de mi casa,
Atrapada dentro del agujero negro cerebral.
Dentro de los pasillos hicieron eco los gritos
Que venían de puertas escondidas,
Donde se ve escrito: prohibido el paso.
Pero te dejé entrar.
Te enseñe el lado de ti misma que la fabrica
Y las jornadas callaron.
Ahora solo existe el silencio.
Y los gritos
Y el oscuro.
Todos se enamoran del Sol y su intensidad
De su brillo
Que nos tiene distraídos,
Afuera.
Pero todos le temen a la noche por el oscuro que trae,
Donde residen nuestros monstruos de verdad.
Nuestro lado oscuro.
La patria me ha nombrado «non-essential»
Mi propia madre me abandonó en los pasillos vacíos
Donde reside el polvo que es el producto de años
De ignorar la existencia de aquellas puertas.
Ella no sabe que tengo asma
Y que el polvo me asfixia y no lo puedo evitar.
Soy prisionera de mi propia casa, mi propia mente, y ahora,
Mi propio país.
Entonces ¿Qué hacemos cuando tenemos que convivir
Con nuestros monstruos detrás de las puertas?
Nos obligamos hablar con ellos,
Nos hacemos amigos, pero muy amigos.

Aprendemos negociar nuestra razón de existir.
Aprendemos que nos somos ni tan buenos ni malos
Como antes pensábamos.
Aprendemos a coexistir con los
Virus de nuestra mente.
El enemigo quieto que ataca nuestra vulnerabilidad.
Aprendemos a bailar bajo la única luz que nos regala
El oscuro.
La luna.
El oscuro me abraza y lo abrazo también
Tú, cariño, eres un guerrero de la pandemia.
La pandemia del virus mental que nos mostró nuestra soledad.
La pandemia del virus mental que nos atacó dentro de nuestras propias
salas.
La pandemia del virus mental que nos robó nuestras madres, padres,
hijas, hijos.
La pandemia del virus mental que golpeó las personas «felices»
Y nos convirtió en presos dentro de aislación.
La pandemia del virus corona solo fue el comienzo de un efecto
dominó de la pandemia de la salud mental.
Mis monstruos son esenciales para mí ya que me mostraron la verdad.
Soy esencial.
Eres esencial.
Nos necesitamos.
Ven, compadre, tengo espacio en mi mesa y traiga sus monstruos.
Yo ya no le tengo miedo a la oscuridad.

Original en inglés, traducido por la autora.

THE REAL PANDEMIC

In memory for all of those who succumbed to the dark thoughts of isolation.
I will be your voice.

I met you that spring.
I was walking the empty halls of my house,
Stuck inside my cerebral blackhole.
The empty hallways of my mind echoed screams
From hidden once nonexistent doors that
No one had access to.
I let you enter.
I showed you the side of yourself that the factory
Noises and 14-hour days silenced.
But now all there is,
Is silence.
And screams.
And darkness.
Everyone falls in love with the Sun because it is warm,
It is bright,
It keeps us busy outside.
But everyone fears the night because the darkness
Is where our monsters reside.
Our dark side.
I´m non-essential even to my Motherland.
My own mother leaves me alone in these empty halls
Where dust resides from years of ignoring that these doors
Existed.
She does not know I have asthma.
This dust asphyxiates me because there is no way to escape it,
I am a prisoner in my own home, my own mind,
 and now my own country.
So, what happens when we must live with the monsters
Behind those forgotten doors?
We are forced to talk to them,
Become friends.

Negotiate our reason to exist.
We learn to accept that we are not as good
Or as bad
As we once thought.
We must learn to coexist with
The viruses of our minds.
The silent enemy that attacks us when we are most vulnerable.
We learn to dance in the dark under the only light that it gifts us,
The moon.
The dark hugs me now and I will embrace it back.
You, my dear, are a warrior of a Pandemic.
The pandemic of the virus that made us all realize we are lost.
The pandemic of the virus that attacks us in our own home.
The pandemic of the virus that has taken mothers, fathers,
Daughters, brothers.
The pandemic of the virus that attacks seemingly happy people
And turns us into prisoners of isolation that some of us will succumb
to.
The pandemic of the Corona virus, started a domino effect of the
pandemic
Of mental illness.
My monsters are essential to me because they showed me the truth.
I am essential.
You are essential.
And we need each other.
So come friend, come eat at my table and bring your monsters.
I am not afraid of the dark anymore.

Muerte sobre el mundo

Ivonne Sánchez Barea

YOLANDA HERNÁNDEZ
(República Dominicana/EE.UU)

Poeta, actriz teatral amateur y gestora cultural dominicana residente en Rhode Island, Estados Unidos. Promotora del arte y la cultura a través de ferias del libro, teatro y tertulias literarias. Creadora del grupo literario *Poetas del Monte* y presidenta de la editora *Taínos Editores*. Ha publicado los poemarios: *Cuerpo de Goces, 'Colección de Senryu'* (2019), *De la ciudad y otras luciérnagas/On The City and Other Firefliers* edición bilingüe (2018) y *Aroma* (2013). Integra varias antologías poéticas, *Palabras al viento*, (NY, 2020), *Festival Internacional de Poesía Los Confines, Tierra sin puntos cardinales* (Editorial UNAH, 2019), *Retrato íntimo de poetas dominicanos, Antología de la diáspora* (Taínos Editores, 2019), *Agua de dos ríos*, Poemas, prosas y traducciones: colección bilingüe de Rhina P. Espaillat, (Obsidiana Press, 2017), *Voces del vino* Maria Palitachi (Book & Smith, 2017), *La Guagua Poetry Anthology: Voices and Translation 2017* (Loom Press), *The Americas Poetry Festival of New York 2015* (Artepoética Press). *Solo para Locos volumen II* (Batista-Jakab, Lourdes, 2015) y en *Voces Poéticas Latinas de New England* (Páramo Editorial, 2013).

Entre este narcótico agujero

En estos días repetidos,
de noches asiduas
Donde afuera
el mundo es un solo cadáver
Y nitidez cotidiana de espanto
aprovecho para tener una profunda cercanía
una rara intimidad conmigo misma
las paredes de este narcótico agujero.

No están los padres ni los hermanos.
los hijos están lejos, no hay vecinos.
Nadie con quien aspirar el humo de las horas
nadie con quien incubar el ansia y la espera,
nadie con quien compartir bocanadas de este viejo silencio.
Solo un miedo que crece desde el fondo del ojo
saltando del estómago a la boca y viceversa.

No salgas, dicen,
aun tengas grandes las alas
salir es un acto suicida.
Quédate como araña,
girando sobre ejes
circundando los hilos y tejiendo la red.

Afuera,
Inmenso
el ojo del infierno
camina en cuatro por la ciudad
acechando perverso sobre todas las razas,
escupiendo en el viento espigas amarillas
asestando a los débiles su estocada de gracia.

Obedezco y aquí estoy,
pequeña y vulnerable
cantando y aplaudiendo en mi ventana,
donde su microscópica voz ya no me alcance.
Aquí estoy…
levantando en la sombra igual que una quimera
la copa donde bebo la última esperanza.

Quédate en casa, en cueroentena

Wilson Abreu

MANUEL IRIS
(México)

Radicado en la ciudad de Cincinnati, Ohio, Estados Unidos. Licenciado en Literatura latinoamericana por la Universidad Autónoma de Yucatán (México), maestro en Literatura Hispanoamericana por la Universidad Estatal de Nuevo México (EE.UU.) y doctor en Lenguas Romances por la Universidad de Cincinnati (EE.UU.). Obtuvo el Premio Nacional de Poesía «Mérida» (2009) por su libro *Cuaderno de los sueños* (2009), y del Premio Regional de Poesía Rudolfo Figueroa por su libro *Los disfraces del fuego* (2014). Además, ha publicado *Versos robados y otros juegos* (2004 y 2006), *Nueva Nieve* (2010), entre otros. Es igualmente coautor, junto con el poeta brasileño Floriano Martins, de *Overnight Medley* (2014), y compilador de *En la orilla del silencio, ensayos sobre Alí Chumacero* (2012). Recientemente fueron publicadas tres selecciones de su poesía: *La luz desnuda* (Venezuela); *Frente al misterio* (El Salvador), y *Traducir el silencio/ Translating silence* (Nueva York).

CUARENTENA

Obligados a asistir al simulacro
de nuestra propia extinción
podemos afirmar con absoluta confianza
que nuestra ausencia caerá sobre el mundo
como lluvia fresca,
como el acorde necesario para abrir
la sinfonía del futuro.

Da gusto la presteza
con que el planeta puede sanar
del daño que le han hecho
sus inquilinos humanos:

luego de un par de semanas sin turistas
los canales de Venecia tienen peces.

Un jabalí camina con sus hijos por las calles de Roma.

La renovada pureza del aire
en el mismo pueblo en que inició la pandemia
podría salvar la vida de miles de personas.

El cielo, otra vez, le pertenece
sus legítimos dueños.

Naturalmente, el mar
tampoco nos extraña
ni lo harán las montañas, el desierto,
la selva o la tundra.

Nuestro planeta seguirá su baile
sin nostalgia.

A nadie le hará falta Debussy.

El Guernica será masticado
por alguna cabra silvestre
y convertido luego en abono para plantas.

Es decir: convertido en vida.

Disculpará quien me lee
que tal metamorfosis no me parezca mal
puesto que el tema, el terrible
tema humano de ese cuadro
será obsoleto en ese nuevo,
primigenio mundo,

y porque nadie puede lamentar
que se pierdan los motivos
para pintar el Guernica.

Porque debe celebrarse el milagro
de toda la belleza que nunca merecimos.

18 de marzo, 2020

Jardín del sueño

Ivonne Sánchez Barea

Hannah Láscar-Harris

(EE. UU./Chile)

Estudiante de 11° grado nacida en Chicago. Actualmente vive en Illinois y ha vivido en Ohio, México, Chile y Los Ángeles. Desde muy joven ha estudiado música y participado en coros. Escribe poesía y cuentos desde la escuela primaria.

MIRA TU REFLEJO

¿qué ves?
no es alguien que vive en una tierra de
libertad
deberían alimentarnos con verdades
pero son mentiras que estamos ingiriendo
vidas inocentes tomadas por hombres de azul
pero son los asesinos quienes consiguen
protección
«El hogar de los libres» es solo una
invención esto es Amerikkka,
sin respeto por la vida, sin amor por la creación
tratando de sobrevivir en una nación dividida

Odalis Pérez

PEDRO LÓPEZ ADORNO
(Puerto Rico)

Poeta, crítico, antólogo y novelista. Se desempeñó como catedrático de literatura de 1980 hasta el 2012. Autor de diecisiete libros, sus obras más recientes son *Arte de cenizas/Poesía escogida: 1991-1999* (2004), *Ópera ardiente* (2009), *Terapia perpetua* (2018), *Arca de la desmesura* (2019) y *Versión del que surgía* (2020). Poemas suyos aparecen en importantes antologías de poesía latinoamericana. En el otoño saldrá su segunda novela, *Más allá de un bolero*, con el sello editorial Sudaquia Editores.

DISLOCACIONES

Lo que ha sido excluido ahora forma parte de la suspensión que azota al mundo.

Confinamiento pandémico. En el baile de máscaras será posible ponerle candado a la excepción. Sentir en las narices ese hedor a podrido que deja el aliento del poder. He ahí el virus maximus. El limbo donde se divierte flotando lo jurídico.

Paradojal situación de la regla a seguir: «Quédate en casa». Mas la casa resiente su exclusión. No quiere ser prisión de su prisión. Observa desde las ventanas cómo árboles y brisas se abrazan. Espacio en el que la presencia jurídica-política se esfuma. Pasión que nunca cesa como el trueno que del pecho al porvenir alumbra los roces del abismo.

Vital soberanía. Dueña la naturaleza de lo que yace afuera. Más allá del encierro que pugna por salirse de sí mismo. Más allá de ti o de mí imaginándonos el salto sobre las ramas.

Dislocaciones necesarias.

El lecho anhela caos. Quiere romper el maleficio. Negarle a la bio-política entrar inmune al desvelo de estos cuerpos desnudos.

DISTANCIAS

El idioma del mar no se cansa de ser
hombre o mujer o lo que quieras.

Piensa que somos mascarones de proa
ante el viento que se aroma en las olas.

Nadie salga de su casa sin desinfectar
su huida. La noche maúlla encierros.

Nadie salga de su casa
que entre las nubes flotan muertes.

Se imagina uno sobrevolando los alcatraces
días de un abril tan cruel.

Imagina a la ciudad que nunca duerme
deambulando por las calles desiertas.

Imagina que la imaginación se asila
en un hedor salpicado de pandemia.

Cada cual en el ágape de su aislamiento indefinido.
Enmascarados para la azorada danza en el vacío.

Los gorriones sueñan el porvenir del patio.
Gorjean por un puñado de semillas.

Abrumados por los colores de la natura en flor
vivimos tras los ventanales este inquieto cadalso.

Vayamos sublimes al colapso. Total la economía
no podrá salvarnos de los pagos a principios de mes

ni Hipatia de Alejandría resucitará
para darle cátedra a los políticos de turno.

Los que ahora dictaminan las prohibiciones y distancias.

Terror psicológico

Wilson Abreu

ZURELYS LÓPEZ AMAYA
(Cuba)

Poeta, narradora y periodista. Licenciada en Comunicación Social, Universidad de La Habana. Su obra ha sido publicada dentro y fuera de la isla en antologías, revistas nacionales y extranjeras. Libros publicados: *Pactos con la sombra* (Unicornio, 2009), *Rebaños* (Extramuros, 2010), ambos con re-edición en los Estados Unidos por la Editorial Atom Press; *Minúsculos espejos* (Latin Heritage Foundation, 2011), *Lanzar la Piedra* (Corazón de Mango, 2015), *Levitaciones* (Matanzas, 2015), *La vela y el náufrago* (Polibea, 2016), Flocks/Rebaños, Edición Bilingüe, (Cubanabooks, 2016); *La carpa infinita* (Mantis Editores, 2017), *El barco elegido* (Unión, 2018), *A la llegada del invierno* (Letras Cubanas, 2018) y *Paisaje interior* (Vigía, 2019). Es miembro de la Unión de Escritores y Artistas de Cuba (UNEAC).

Despedida

En solidaridad con los amigos poetas Chinos:
Lei, Pingyang y Zang, Li

Entre luces sedientas camina el amigo como perdido.
Un desastre le aguarda en Wuhan.
En China un virus sofoca las ciudades
desde el Yangtsé y el río Amarillo.
La Muralla tiene el rostro amargo,
sostiene el espanto de las despedidas.
Arrasa en Europa y el mundo.
Un sabio predijo futuros inciertos,
donó la constancia y el sacrificio de las cosas.
Son las dinastías escrituras en hueso.
Antiguas predicciones.
La palabra China deriva del Persa *Cin.*
Una pareja se ha perdido.
Hoy muestra símbolos distantes.
Ya no verán su sonrisa en el verano,
o un picnic en el inicio de la primavera.
Ya no estarán enredados entre fundas de colores.
Algo de lo que huimos ha detenido su aliento,
ha enfriado sus carnes.
Sus sábanas de algodón han quedado tendidas como siempre.
Esperan el peso de sus cuerpos sobre la noche.
Se han ido.
No regresarán hoy ni mañana para regar sus plantas desde el balcón,
ni a beber el té verde de las tardes.
Los antiguos aplauden la fuerza del buen espíritu.
Alguien dijo que algo pasaría. Alguien sabe de lo oscuro,
del tiempo y las guerras absurdas.
Sé del polvo en las manos del caminante y el animal,
del tao que indica lo justo.
En las luces sedientas camina el amigo como perdido,
Un desastre le aguarda en Wuhan.

Un sabio predijo futuros inciertos,
donó la constancia como rosas para sobrevivir.
Hoy no cesan los médicos recogiendo cadáveres por el mundo.
Cuerpos que antes fueron guerreros.
Son las dinastías escrituras en hueso las que abrazan su tierra.

[De *Los sitios esperados*]

Odalis Pérez

TRINIDAD LUCEA
(España)

Nací en Tudela (Navarra) en Octubre de 1976. Soy licenciada en Traducción e Interpretación. He publicado dos libros de poesía: *Lágrimas Escritas* (1998), cuya recaudación fue destinada a ADANO (Asociación de ayuda a niños con cáncer); y *Mapas* (2019), ganador en la categoría Mejor Libro del Año 2019 en los premios Círculo Rojo. He colaborado con varias revistas como *Constantes Vitales*, *TK* y *Poetry News*. También se pueden leer mis poemas en las antologías *Ultravioleta. Poesía ilustrada*, *Sotto Voce*, *Poesía femenina actual de Navarra en castellano* (Ed. Torremozas), *Antología de la poesía actual cubano-navarra 2015-2020*. Menciones honoríficas concursos literarios: Certamen de poesía convocado por la Asociación Cultural de Mujeres El Tazón-Santana de Tudela (2014), con los poemas «Mi Pena Capital» (2014), «Todas mis Alicias» (2015) y «La Luchadora» (2017). He participado en el proyecto artístico «Rifflessioni», junto a la fotógrafa italiana Federica di Benedetto (Roma, 2015); en la exposición de poemas y láminas ilustradas en la feria de arte contemporáneo «ARTERIA» (Monzón, 2018) y en las exposiciones bajo el título «Poemas que nacen de los mapas», una de ellas en la Feria del Libro Aragonés (2018).

No hay elección...

No hay elección.
Debemos descubrirnos las alas
si queremos sobrevivir.
Abrirse, alzarse, dar el salto,
bien vale un intento.
Fácil, difícil, quizás imposible.
Tras el tiempo detenido,
renacer en tierra y alma.

Abecegrama de una pandemia

Allí, bacterias, células,
diversas especies feroces
gangrenan historias imperceptibles,
justifican kafkianos latidos microscópicos,
nacen oprimiendo pulmones que reclaman su tórax.
Umbrío virus worldwide,
xilográfico, yermo, zarapiento.

Números

Los números dejan huella,
unos más que otros,

El 10 de marzo mi cuarentena,
el estado de sitio en casa.
Mi libertad 6 cifras:
1 día al supermercado, otro al hospital,
y sumo 2, el resto hasta 6,
viajes a la farmacia.

Sin darme cuenta pasan
las 3 sílabas de la semana,
el día cargado de acento,
el bisílabo 8 de la tarde
aplaudido hasta la máxima potencia,
huyen las 9 letras de la primavera
y ojalá que abril fuera permutable
por abril del año pasado.

El tiempo se convierte en un número infinito.
Descubro números enormes que hablan
de contagios, números terribles de muertos,
números anónimos de héroes
y otras pequeñas cantidades
repletas de estupidez humana.

Tras la puerta,
se multiplican meriendas virtuales,
sonrisas, decenas de versos,
centenas de colores, millares de besos.
Desde el ángulo de 90º de mi ventana,
0 personas.

Siguen las cifras,
la próxima que apunto es el 2 de mayo
y una ecuación, donde X es una incógnita
igual a mi libertad.

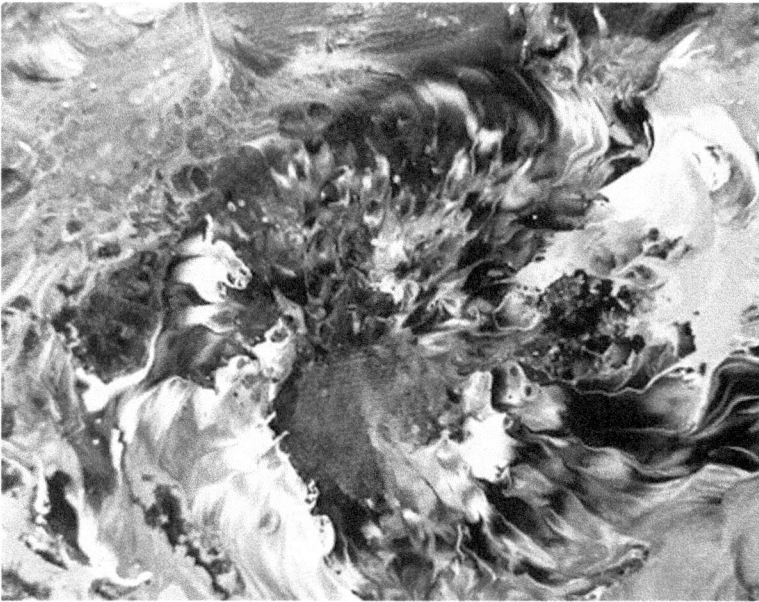

Sombras en soledad

Ivonne Sánchez Barea

Luis E. Mendoza*
(Perú)

Sara Kuoman**
(Perú)

(*) Escritor y freelance. Es licenciado en Filosofía y Derecho por la PUCP. Obtuvo una maestría en Estudios Latinoamericanos por la Universidad de Ohio. Sus textos han aparecido en antologías, fanzines y revistas web. Se ha desempeñado como librero y editor. Ha publicado *Capital/Contracapital* (2016).

(**) Nómade y empresaria. Estudió artes en Perú y EE.UU. Obtuvo un master en el IESE en España. Escritora inédita. Adicta al limón. En proceso de autoconocimiento.

COVID-19: Viajando en la pandemia

Entre mascarillas y cuarentenas, el mundo nos ha confirmado que nuestras expectativas de libertad pueden derivar en formas de control. Cuando el Covid 19 adoptaba su burocracia, decidimos mochilear juntos cruzando sus fronteras. Sobre la marcha —entre marzo y abril— esquivamos el avance del virus a nuestro paso. Países atravesados: USA, Costa Rica, Guatemala, México y Perú. Aquí un testimonio diario de nuestra experiencia de viaje. Desde Lima, Perú.

Miércoles, 11 de marzo. Congestión en el aeropuerto de Guatemala. Sara llega desde Costa Rica, Luis desde USA. Primeras señales de alarma ante el coronavirus: largas filas, distanciamiento corporal y formularios. Los oficiales nos toman la temperatura. Nos encontramos en la salida del aeropuerto. Es medio día. Tomamos un taxi rumbo al Centro Histórico, mientras la radio informa sobre el virus. A la altura del Boulevard 15 de setiembre, avistamos una torre familiar. El conductor, visiblemente orgulloso, nos dice: «…esta es la Torre Eiffel guatemalteca». Por la noche, nos tomamos unas Micheladas en el bar El Portalito, antes frecuentado por Asturias, Árbenz y el Che Guevara. Gabriela —una amiga guatemalteca— nos trajo hasta aquí. **Jueves, 12 de marzo.** La mano del viento alborota nuestro cabello. Estamos camino a Antigua Guatemala montados en un bus parrillero a todo color, acero de guerra, dado de baja por la escuela estadounidense en los sesenta. El conductor pisa fuerte. De tantas curvas y maniobras, casi salimos volando por la carretera. Antigua nos recuerda la solidez de Cuzco, de suelos empedrados y resaca colonial. En el camino, constatamos con alarma que los locales abiertos al público se reservan el derecho de admisión. Extrapolando: el impacto del virus, en cuanto al servicio de salud, discrimina entre quienes tienen más y quienes no. **Viernes, 13 de marzo.** Llegamos al mirador de Antigua. Desde acá podemos confirmar, en su magnitud, que esta ciudad está hormada por sus volcanes —de Agua, de Fuego y Acatenango. Cierto, nos olvidamos del virus. En la tarde, recorremos el Convento de la Concepción, cuya centenaria edificación luce derruida tras sucesivos terremotos. El guía es un talentoso cuentista pero un pésimo historiador. **Sábado, 14 de marzo.** Vamos rumbo al lago Atitlán. Cuesta imaginar que este lago fuera testigo de la conquista de los mayas por los españoles.

Pedro de Alvarado, conquistador español, desembarcó sus tropas por esta zona en 1524 para luego dirigirse hacia el noreste, hasta Quetzaltenango, donde libró batalla contra el guerrero maya Tecún Umán. La espada española se impuso a la piedra Maya. Hoy Tecún Umán es el nombre de una ciudad y es una de las vías fronterizas entre Guatemala y México. **Domingo, 15 de marzo**. El virus se posiciona en Latinoamérica. Por la noche, el presidente peruano Martín Vizcarra decreta Estado de Emergencia y cierre de fronteras para el día siguiente. A los días, le siguen Guatemala, Argentina, Ecuador, Chile, El Salvador, Haití, y así. Por nuestro lado, recibimos esta noticia mientras tomamos unas cervezas en la isla San Pedro, en los alrededores del lago Atitlán. Intempestivamente, se posiciona entre nosotros una atmósfera de incertidumbre. Decidimos regresar a la capital guatemalteca. Compramos pasajes a últimas horas de la noche. **Lunes, 16 de marzo**. El colectivo pasa a recogernos a las 4:00 a.m. Somos alrededor de doce personas. El ambiente se torna tenso por la falta de asientos. Los protagonistas son un salvadoreño y un francés; nosotros también intervenimos; casi llegamos a los golpes. Seguimos viajando. Son las 8:00 a.m. Nos despedimos con tristeza de Gaby. El servicio del aeropuerto es caótico. Hacemos fila. Nos toma dos horas para que nos atiendan. Dicen que no hay salidas a Perú y que las fronteras están cerradas. Necesitamos ayuda. Llamamos por teléfono al consulado peruano. Hablamos con la cónsul: nos damos cuenta de que no tiene idea de lo que está hablando. Pese a esto, concertamos una cita. Ya en el recinto, la funcionaria nos toma la temperatura sin saludarnos, amén de ponerse delirante. Pretende «ayudarnos» gestionando $20 por día en un hospedaje. La conversación empieza a desbordarse. Abandonamos la reunión, estamos enojados. La diplomática se queda hablando sola. Estalactitas. Luego nos enteramos de que tal diplomática era Annie Saucedo, hija de César Saucedo, pillo general fujimontecinista, sentenciados ambos por corrupción. Ahora todo tiene sentido. Pasamos la noche en una zona clasemediera: $12. **Martes, 17 de marzo**. Despertamos en una casa antigua, en blanco y negro. Tiene un toque de madera, patios amplios y cubiertas metálicas tipo románico. La tranquilidad de este lugar contrasta con el desabrigo viral del mundo. El presidente de Guatemala, Alejandro Giammattei, ha anunciado el cierre de fronteras aéreas. No las terrestres ni las marítimas. Desayunamos junto con otros huéspedes. Debatimos entre quedarnos en Guatemala o irnos a México. Sorpresivamente, una pareja de franceses nos dice para ir en velero a Martinica, isla colonial francesa. Rechazamos su invitación con humor. Decidimos no quedarnos en Guatemala. Preparamos nuestras mochilas. Nos despedimos de los viajeros y de la dueña de casa. Alquilamos un carro en Hertz. Son 300 kilómetros hasta Tecún Umán, frontera con México, vía la carretera Panamericana. Cruzamos las zonas de Chimaltenango, Quetzaltenango y la ciudad de Coatepeque. El paisaje despunta plátanos, mangos y cocos. Cruje el sol en las rutas de contrabando. De pronto el cielo se nubla: la fatiga se apodera de nosotros. Pestañeamos. Llegamos a la frontera ya de noche. Nos acercamos al puesto de control migratorio, al filo del río Suchiate, cuyas aguas han sido escenario de caravanas de centroamericanos rumbo a México y USA en enero de 2020. Nosotros somos parte de esa caravana, ahora viralmente silenciosa. Nos toman la temperatura mientras llenamos los formularios. Obtenemos un sonoro sello en nuestro pasaporte. Cruzamos el puente fronterizo Rodolfo Robles, de un kilómetro de largo. Caminamos en silencio atravesando líneas imaginarias. Son casi las doce de la noche. Llegamos a Tapachula, México. **Miércoles, 18 de marzo**. Desayunamos temprano en la plaza central de Tapachula. Decidimos viajar a Cancún: parece que el gobierno peruano está ofreciendo hospedajes en México. Nos subimos al bus al medio día. Es un viaje de oeste a este, más de veinte horas. La ruta incluye los Estados de Chiapas, Tabasco, Campeche, Yucatán, hasta Quintana Roo. Ruta roja del narcotráfico. **Jueves, 19 de marzo**. Viajando en bus por la carretera México 200. Los militares nos paran tres veces para pedirnos documentos y revisar contrabando. En la penúltima parada, a la altura de Mérida, tomamos desayuno en una carpa improvisada en la carretera. Frijoles, café y refresco de jamaica: ¡mejor imposible! Llegamos a Cancún alrededor de las 5:00 p.m. De no ser por la pandemia, hoy estaríamos regresando a casa: Sara a Perú, Luis a USA. **Viernes, 20 de marzo**. Nos hospedamos en un barrio obrero, cerca de la playa. Vamos al aeropuerto para tantear opciones de vuelo, sin éxito. Llamados al consulado sin respuesta. México no da señales de alarma frente al coronavirus. Eso sí: hay pocos turistas. Alquilamos un Chevrolet a precio de ganga. Adquirimos provisiones al vuelo. Cocinamos. Por la tarde, caminamos en la playa. **Sábado, 21 de marzo**. Se nos acaba el dinero, vil metal. Abandonamos Cancún. Manejamos rumbo Playa del Carmen. Nos quedamos en un hotel destartalado. Por la noche, miramos la película *Kon-Tiki* sobre Thor Heyerdahl y su increíble viaje de 101 días en balsa a lo largo del Océano Pacífico, de las costas de Perú al archipiélago Tuamotu. **Domingo, 22 de**

marzo. Seguimos en Playa del Carmen, salimos a buscar hospedajes por los alrededores. Rentamos un estudio en la Calle 28 Norte. México aún no ha implementado medidas de cuarentena, hay subregistro de casos y déficit de pruebas virales. Por la tarde, salimos a caminar a lo largo de playa. **Lunes, 23 de marzo**. Acostumbrados a huir del virus, viajamos en lancha a la Isla de Mujeres. Precio ganga. Nos acompañan dos brasileras, tres italianos, una pareja de alemanes, un indio, tres mexicanos y un japones con cámara en mano. Hay un sol hinchado sobre nuestras cabezas. Al regresar, quedamos con los alemanes para cenar al día siguiente. **Martes, 24 de marzo**. Cena con los alemanes en el restaurante Pata Negra. Conversamos sobre viajes, pandemias y banalidades gastronómicas. Nos despedimos de la pareja con un abrazo, mañana sale su vuelo a Alemania. Media noche en un bar: es cumpleaños de Sara. **Miércoles, 25 de marzo**. Nos separamos durante el día. Luis se queda en el cuarto presentando, vía internet, su proyecto de postgrado. Sara sale a deambular por los bares de Playa del Carmen. Nos reencontramos a las 4:00 p.m. **Jueves, 26 de marzo**. Inacción frente a lo que ocurre en Perú y el mundo. Nos consolamos pensando que nuestra situación nos empuja a ser pragmáticos. Hacia el mediodía, manejamos hasta Puerto Ventura para constatar que sus rutas de entrada están desérticas. Hay militares en las calles. **Viernes, 27 de marzo**. Nos contactamos por teléfono con el consulado peruano. Confirmado: ofrecen apoyo en alojamiento y comida en el hotel Carrillo, Cancún. Preparamos nuestras mochilas, el virus sigue afuera. **Sábado, 28 de marzo**. Dejamos Playa del Carmen en la mañana. Miramos con nostalgia en el espejo retrovisor. Ya en Cancún, nos atiende un efectivo funcionario del consulado. Por falta de espacio, nos transfieren al hotel María Lourdes, cuyo patio interior incluye un mural en tonos verdejos que ilustra trabajos forzosos en las haciendas de Quintana. Hay una veintena de peruanos en el hotel. Una vez instalados, damos una vuelta por los alrededores hasta llegar a la librería Gandhi, en los contornos del Centro Malecón Américas. Noticias alarmantes sobre el impacto del virus en Ecuador. **Domingo, 29 de marzo**: Nos ponemos a leer y escribir en playa Puerto Juárez. El mar está de un color azulino eléctrico, con matices entre celeste cielo y azul cobalto. En el Perú, la prensa reporta que el Banco Central de Reserva implementará un paquete de S/ 30 mil millones para asegurar cadena de pagos ante crisis por el coronavirus, enfocado en pequeñas y medianas empresas. Con el paso de los meses, la prensa denunciará que los beneficiados han sido —predominantemente— las grandes empresas. **Lunes, 30 de marzo**. La semana comienza con retrocesos en las bolsas del mundo, mientras los especuladores monitorean el ritmo de expansión del Covid-19 y su impacto en la economía. El Fondo Monetario Internacional —esa sucursal del Imperio— declara que la economía global ya entró en una fase de recesión. Estados Unidos lidera los contagios de Covid. Por nuestro lado, interactuamos poco con los huéspedes del hotel. Por la tarde, tratamos de mantener la calma trazando ángulos con nuestras sombras bajo el sol. **Martes, 31 de marzo**. Un día más en el calendario, a no ser porque en el mundo hay 750 mil infectados y 36 mil muertes por Covid-19. Al haber subregistro y fallas estadísticas, ambas cifras pueden multiplicarse por cuatro. **Miércoles, 1 de abril**. Las políticas del coronavirus se imponen. Después del desayunar, el administrador del hotel nos convoca para decirnos —ahora somos 54 huéspedes— que no podremos salir del hotel. Hay acuerdo en que esta es una buena medida para mitigar contagios. Pausa. Sara vuelve a pintar retratos y Luis se involucra en un proyecto sobre la invención romana del cristianismo. **Jueves, 2 de abril**. Mientras desayunamos, nos llega un mensaje de texto de los alemanes con quienes cenamos hace una semana: nos dicen que al llegar al aeropuerto de Frankfurt les hicieron la prueba Covid y que dieron positivo. Literalmente: «Hey guys, yeah we are fine and made safe back to Germany. Unfortunately, our corona test was positive, so we have to stay now at home for two weeks. But we have just some light flu symptoms. But it still sucks anyway». Sonreímos de nervios. Ellos están bien, en todo caso. **Viernes, 3 de abril**. Escritura, pintura, hambre: hay calor. Comenzamos a usar mascarilla y evitamos interactuar con los otros huéspedes del hotel. Síntoma de los tiempos. **Sábado, 4 de abril**. Exploramos el tercer piso del hotel, sin huéspedes. Ya en la azotea, nuestros cuerpos se fríen como mantequilla. **Domingo, 5 de abril**. De noche, sentados frente a la piscina del hotel, sostenemos una conversación con uno de los trabajadores. Se llama Juan, tiene 59 años, es de Guanajuato y se ocupa del servicio del hotel con su familia. Nos cuenta de su vida, de cómo llegó a Cancún con un amigo colombiano en los setenta: de cuán diferente lucía la zona y de cómo se las ingenió para arreglar todas las refrigeradoras de la playa Chac Mool. La voz de este hombre testimonia la inercia de paisajes arrasados. **Lunes, 6 de abril**. Sara pinta un retrato en acuarela de Frida Kahlo, de tonos rojizos y trazos angulosos. Emergen tensiones entre nosotros quizá producto de la convivencia. Dormimos en camas separadas. **Martes, 7 de abril**. Al medio día, el consulado nos escribe al correo diciendo que han programado dos vuelos humanitarios al Perú. Los vuelos están programados para el 11 y 13 de abril. La compra de los pasajes se realizará mañana vía enlace web. **Miércoles, 8 de abril**. El enlace de pasajes llega a nuestro correo a la 4:00 p.m. Es un vuelo operado por Viva Air con parada en Colombia. Decidimos regresar juntos. Compramos pasajes para el siguiente lunes. **Jueves, 9 de abril**. Desayunamos, almorzamos, cenamos. Estamos a la espera. Pintamos y escribimos. La Confiep —gremio de empresarios peruanos— remite una carta el Ejecutivo donde solicita reajustes económicos y laborales. Al parecer, quieren que las cosas cambien para que sigan como están. **Viernes, 10 de abril**. Puestos frente al coronavirus, algunas preguntas surgen hasta aquí: ¿Cuál es el lugar de lo humano en un mundo atacado por lo humano? ¿Acaso nuestra humanidad, en cuanto tal, es una forma de contagio viral? ¿Podremos abrazar otra forma de vida en un contexto post-pandemia? ¿El prefijo post- nos ayuda a pensar en una nueva forma de vida? **Sábado, 11 de abril**. Aunque estamos confinados, podemos percibir que nuestros cuerpos se intersecan. Después del almuerzo, nos bañamos por primera y última vez en la piscina del hotel. Nos acompañan cuatro peruanos. Nadar quizá sea una forma de prepararnos mentalmente para los catorce días de «cuarentena» en Lima. Solos, encerrados en un cuarto, con nuestros cuerpos en la mente. **Domingo, 12 de abril**. Melancolía por dejar el hotel donde convivimos 24x7 con el personal y otros huéspedes. Preparamos las mochilas, dejamos varias cosas. **Lunes, 13 de abril**. El bus nos recoge a las 2:00 a.m. y llegamos el aeropuerto a las 2:30 a.m. El consulado nos brinda guantes y mascarillas. Hacemos una larga fila. A las 3:30 a.m. ingresamos a las instalaciones del aeropuerto. Luego de los sellos de rigor, esperamos el vuelo en la zona de embarque. El avión despega a las 8:00 a.m.: adiós México, adiós. Llegamos a las 11:30 a.m. a Colombia. Volamos, seguimos volando. Aterrizamos en Lima a las 3:20 p.m. en el aeropuerto del Grupo No. 8 de las Fuerza Aérea Peruana. Vemos militares por todos lados, parece un escenario de posguerra. Lima es otra, no la reconocemos: nos resulta poco familiar. Bajamos del avión. El personal de salud nos recibe con una pistola de medición de temperatura. Luego los militares toman nuestros datos y nos asignan a uno de los grupos de cuarentena. Partimos en bus, vamos escoltados. Miramos a través de las ventanas: las calles de Lima lucen como si hubiera estallado un coche-bomba. Llegamos a las 6:00 p.m. al hotel Estelar, en Miraflores. Estamos en la habitación 605, con vistas al cruce entre la Av. Benavides y Larco. En la recepción nos dan una hoja con las políticas de cuarentena: «Prohibido bebidas alcohólicas, entrega de paquetes y salir del cuarto». **Del 14 de abril al 26 de abril**: Despertamos en Lima, encerrados en un hotel. Las ventanas del cuarto, al ser grandes, nos invitan a imaginar que estamos y no estamos en un espacio cerrado. Con el paso de los días, esta ilusión será un refugio vital. Hábitos e ideas. Empezamos el día con un baño fresco, sigue el desayuno. Miramos noticias al vuelo y luego nos ponemos a trabajar hasta el almuerzo. Por la tarde vemos una película, leemos un libro y/o alucinamos con nuestros cuerpos. Los atardeceres cuelgan como imágenes especulares sobre nuestras cabezas. Estar encerrados es una cuestión ardua. Estar encerrados nos hace notar la existencia de instancias divisorias entre un *adentro* y un *afuera*: estamos adentro, en el cuarto del hotel, mientras que el mundo está afuera, en sus calles y en sus cuerpos de agua y de madera. Nosotros estamos adentro por haber estado afuera. No cualquier afuera sino un afuera radical: en otros países, con otras personas, en otras políticas y en tiempos de pandemia. Para el sistema nacional, nuestro cuerpo no es confiable no solo por haber estado afuera, sino por haber estado *afuera del afuera*: en el extranjero. Por eso ahora estamos en cuarentena absoluta. ¿Dónde están las personas que no están ni radicalmente afuera ni radicalmente adentro, ni en el espacio local de las calles? En sus casas. En tiempos de coronavirus, la propiedad privada adopta un régimen especial: ser un refugio. Una suerte de cabaña con una marca ritual en la puerta. Por eso quienes están en sus casas pueden desplazarse afuera, aunque sea por excepción: adquirir productos o bienes esenciales. Pueden arriesgarse en legalidad. Nosotros, en cambio, no podemos arriesgarnos a costa de caer en la ilegalidad e irresponsabilidad: ya arriesgamos demasiado. Por eso el Estado-nación —siempre afuera— no puede arriesgarse a nuestra presencia, ni por excepción. Por eso nos quiere ausentes. Por eso nos quiere adentro. Por eso estamos en cuarentena: para que nuestros cuerpos se mantengan ausentes. Hábitos e ideas. Estar en cuarentena nos demanda reconsiderar hábitos diarios, sobre todo los referidos a la alimentación. Como no podemos salir del cuarto, el Estado, a través del gobierno, nos impone un intercambio vital: «te quedas adentro a cambio de alimentos». Mediante tal sistema, el personal del hotel nos deja desayuno [8:00 a.m.], almuerzo [1:30 p.m.] y cena [7:30 p.m.], al pie de nuestra puerta, a cambio de lo cual aceptamos —implícitamente— quedarnos adentro, en el cuarto del hotel, porque damos por satisfechas nuestras necesidades esenciales [comida, techo, seguridad]. Nuestra conexión física con el mundo exterior pasa por dejar nuestros restos rituales al pie de la puerta: afuera, siempre afuera. La limpieza del cuarto, por cierto, nos inyecta equilibrio mental: adentro. Hábitos e ideas. Descubrimos intuitivamente que el virus también está adentro, en nuestras mentes. Adopta la forma de un escozor sonoro sobre el paisaje irregular de nuestra mente. Hinca adentro y suena fuerte. Por más que nos ejercitemos, la mente cede ante la inmovilidad real del cuerpo. Por más que conservemos ciertos hábitos, la mente cede ante nuestra desconexión con el entorno: espacio nuevo, espacio hueco, espacio otro, espacio cerrado. Espacio con una cama, un closet, un televisor, un baño, mesas de noche, anchas ventanas y sillas para tomar café cargado en las mañanas. Espacio cerrado deshabitado: faltamos nosotros. Miramos afuera y constatamos algo: los árboles, las bicicletas, el mar, son marcas permanentes. La estabilidad de nuestra mente necesita tales marcas. La familia es una marca permanente. Los amigos son marcas permanentes. El desplazamiento es un discurrir permanente. La comunidad es una construcción permanente. Y nosotros, aislados, nos sentimos impermanentes, precarios, fungibles e intercambiables. Tirados en nuestra ausencia, aquí en este cuarto, asfixiados frente al oscuro conticinio. Y quizá por eso nos refugiamos en los pensamientos y la pintura: para llenar con ideas y color el espacio de nuestra mente y volverlo permanente. De vuelta a la facticidad. Dos días antes de que acabe la cuarentena en el hotel nos toman la llamada «prueba rápida», de extracción de sangre: damos negativo. Nos confirman, pues, que podremos irnos del hotel. **Lunes, 27 de abril**. Temprano en la mañana llega a nuestro correo una constancia de «haber culminado la cuarentena de manera exitosa». Nuestra salida está programada para las 9:00 a.m. Preparamos nuestras mochilas, nos ponemos mascarilla, abandonamos el cuarto, tomamos el ascensor. Nos despedimos de los trabajadores en el lobby con la mirada. Estiramos las piernas, pisamos la calle luego de catorce días: abrimos nuestras cabezas hacia el cielo. Las calles de Miraflores están casi vacías: el único sonido es el piar de los pájaros. Necesitamos caminar, acercarnos al mar. Cruzamos la avenida Larco, la calle Berlín, doblamos en la avenida de la Aviación y encallamos en el Malecón: vista potente al mar. Siempre el mar. Los rayos del sol caen sobre la inercia de un día vaciado de humanos. El día está soleado, parece un día de verano. Nos separamos. Ya estamos en casa, esa forma de refugio. **Mayo, 2020**. Perú sigue en cuarentena, buena parte del mundo también. No sabemos hasta cuándo duren estas medidas y, menos, los alcances temporales del Covid-19. La gente está harta del confinamiento. De un lado, están quienes creen que el Estado debe empujar la cuarentena; de otro, quienes asignan al individuo la responsabilidad de su propio cuidado. Quizá sea un falso dilema. Quizá sea un problema sin solución. En todo caso, la gente muere no solo por falta de salud sino por falta de atención primaria. Visto en general, ser privado de tu libertad es bastante duro, y tal dureza visibiliza la gramática de la libertad: el control social.

**

Movimiento y viaje
Entre la profundidad y la grieta
Internarse en la pandemia para salir sin aire de ella

El sitio de la sintaxis está vacío
Toca empezar a hablar en tiempos enmudecidos
Y con obcecación.

Perú, 31 de mayo de 2020

AMÉRICA MERINO
(Chile)

Ha publicado *Y serán las estrellas* (2020), selección y traducción de poemas de la escritora italiana Antonia Pozzi y el libro de poesía *Fractales* (2015). En 2019 cursó el programa de Literatura en el *Istituto di Lingua e Cultura Italiana Galileo Galilei*, en Florencia, Italia. Durante el mismo año participó en el equipo de traducción y corrección de estilo del libro *España mía, Portugal mío*, del poeta chino Huang Yazhou. Parte de su obra comprende la traducción al francés, inglés e italiano. Becaria del Taller de Poesía de La Sebastiana, Fundación Pablo Neruda (2004) e integrante del Seminario de Reflexión Poética (2004-2014).

Fotografía de la lluvia

Desde el fondo de una sombra
densa y craquelada
surgieron brazos enormes
cubiertos de plástico.

Éramos frágiles.
El temblor del agua
reflejaba
nuestro propio temblor

cuando las gotas
se esparcían en el aire
y nacía inacabable
la necesidad de un respiro.

Un día, en libros antiguos,
conseguimos refugio:
el mar no podía derribarnos,
aunque constantemente nos golpeaba,

pero la realidad
era más filosa de lo que pensábamos
y tuvimos que destruir el cielo
para conseguir la extinción de la lluvia.

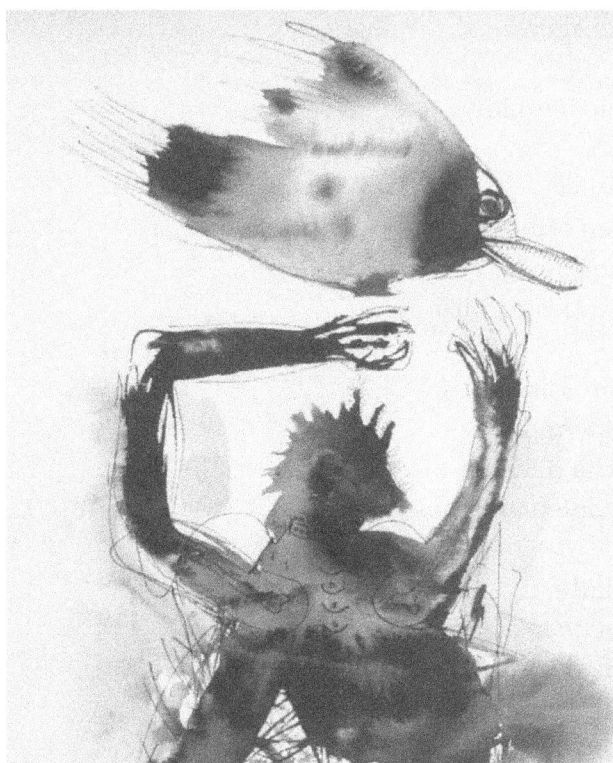

Como un sueño en el inframundo

Wilson Abreu

EDUARDO MOGA
(España)

Poeta y escritor. Ha publicado 18 libros de poesía, el último de los cuales es *Mi padre* (2019). También ha escrito diarios, libros de ensayo y literatura de viajes. Practica la crítica literaria en *Letras Libres* y *Cuadernos Hispanoamericanos*, entre otros. Ha traducido a numerosos autores, como Ramon Llull, Arthur Rimbaud, Charles Bukowski, William Faulkner y Walt Whitman. Ha sido director de la Editora Regional de Extremadura y coordinador del Plan de Fomento de la Lectura de la región. Mantiene el blog *Corónicas de España* (eduardomoga1.blogspot.com).

El fin del mundo se acerca

23 de marzo de 2020, décimo día de reclusión por el coronavirus

Hoy llueve. Arde el día, pero sus llamas son grises.
Aún hay menos gente por la calle que de costumbre.
El césped del parque está arruinado; quizá lo renueve la lluvia, aunque
    nadie lo cuide.
Un hombre ha bajado de un coche y ha pedido un café con leche y un
    cruasán al dependiente de la panadería.
Hay pan en las tiendas. En los supermercados no falta casi de nada.
    Pero hoy no he encontrado plátanos.
Las cotorras se han ido. Solo se oye la lluvia y el ruido que hacen los
    coches al pasar por el asfalto encharcado.
Llevo días sin ver sonreír a nadie.
Yo tampoco sonrío.
El guasap se llena de chanzas desesperadas. Si un asteroide chocara
    con la Tierra y acabase con la vida en el planeta, la gente,
    agonizando entre catástrofes indescriptibles, seguiría mandando
    memes al ciberespacio.
No obstante, no se está tan mal en el fin del mundo.
Todo está tranquilo. Apenas hay tráfico. La contaminación ha disminuido.
    Los ladrones no tienen dónde robar.
Escribo este poema sin saber si lo es. Pero esta ignorancia no me
    incomoda. Al contrario, sospecho que un poema que no se está
    seguro de que lo sea, es mejor poema.
Lo escribo como si me durmiese.
No pasaría nada si no lo escribiera.
Tampoco si lo escribo.
Sigue lloviendo.
Crecen los muertos.
Los muertos suceden sin que los veamos: mueren tras pantallas de
    silencio, en cubículos inaccesibles, lejos de la compasión y la risa.
Nadie quiere ver morir.
Nadie quiere verse morir.
Nadie quiere conocer el sufrimiento que precede a la muerte, la suciedad
    de la muerte, la sordidez de la muerte.

Crecen los muertos, mientras yo me preparo un té para acompañar el
    acto innecesario de escribir el poema. (Dudo si decir «el acto de
    escribir el poema innecesario»).

El té huele bien y sabe mejor: le he echado una rodaja de limón y apenas
    azúcar. El azúcar es malo para la salud. Acorta la vida.

Llueve todavía.

En la soledad de las calles se oye, a veces, una hilacha de música, un
    fragmento de conversación, un niño que habla solo.

También se huelen cosas: la sopa del almuerzo, la lejía que se utiliza
    para desinfectar, la colada recién hecha.

El mundo se acaba, pero la lavadora continúa funcionando.

(Yo tengo una Miele. He leído que es la mejor de las actuales, con una
    vida útil media de trece años. Las demás no llegan a diez).

Por la noche salgo a pasear. Clandestinamente, contra las normas.
    Ayer, por un gran ventanal, vi a una chica en bragas (negras) y
    sujetador (blanco) entrar en la cocina de su casa y llenarse un
    vaso de agua del grifo. Ella no me vio a mí.

Me excité como un simio, pero no me paré a mirar. La chica se quedó
    atrás, plantada junto al fregadero, bebiéndose el vaso de agua.

Me seguiría excitando aunque se abriera el suelo bajo mis pies, aunque
    se demostrara la existencia de Dios, aunque no tuviese sentidos,
    ni habla, ni extremidades, como el soldado de *Johnny cogió su fusil*.

Estalla la soledad en las calles. Y sus esquirlas me desgarran mansamente.

Mi soledad se levanta como una pared que rugiera, como una avenida
    de azaleas y guadañas.

La grisura de los edificios es mi grisura.

Están preñados de gente tan sola como yo.

La soledad se desprende de los árboles desgreñados, de las farolas que se
    masturban, de los bancos en los que nunca se sienta nadie, y se
    cuela en las habitaciones —cuyas ventanas abre la gente para que
    se aireen—, en las tertulias hogareñas.

La soledad recibe mi nombre y mi desolación. Minuciosamente, se hace
    quien soy, y deja de sonreír, como yo, y siente el acabamiento de
    los días como si algo que no pudiera ser derribado se precipitara
    al abismo.

Suenan las campanas de monasterio, lejos.

Cada campanada es una soledad.

Las palabras, empero, no dejan de circular.

Lo hacen como insectos enloquecidos. Viven poco, pero revolotean, se
    obstinan en revolotear. Pululan como oscuridades ansiosas, que
    no esperan sino apresar el tiempo, encerrarlo en una maraña de
    levedades.

La única maraña, sin embargo, es la de las nubes que chorrean, la de
    la soledad que sangra como una amputación, la de los miasmas
    como una desgarradura en el aire.

Por la tele no paran de dar noticias.

Las noticias son cada vez peores.

Crecen los muertos.

Sigue lloviendo.

Y yo escribo.

La soledad, a mi lado, lee lo que escribo.

No se atreve a criticarme, aunque lo está deseando.

Tiene la mirada oscura, como el día.

Se limita a sonreír.

La gente, por la calle, se aparta cuando paso.

Yo no me aparto cuando pasan ellos: no quiero hacerles sentir como
    apestados, aunque quizá lo estén.

Casi todos llevan mascarilla. Las flores llevan mascarilla. Los
    supermercados llevan mascarilla. El viento lleva mascarilla.

Quizá declaren el estado de excepción.

La muerte no es una excepción.

Ocurre, tenaz. Es otro engranaje de lo acostumbrado.

La muerte es eso que nos habla cuando todo ha enmudecido.

La muerte nos certifica, hisopa sombras, se calza nuestra sandalias, se
    envuelve en nuestras sábanas.

Crecen los muertos.

Se amontonan en las estadísticas como en la Edad Media se amontonaban
    en los pudrideros.

No se entierran en cal viva, sino en invisibilidad.

La muerte es microscópica, pero los muertos son enormes.

El té verde tiene propiedades antioxidantes.

Salgo a la terraza y aspiro el olor a tierra mojada, alborotada por la
    lluvia, del parque.

A mi lado, siguen oxidándose las bicicletas de mis hijos, que se han ido.

El poema ha quedado interrumpido, pero yo sigo escribiéndolo, como
    el cielo lívido sigue escribiendo la lluvia.

Por la calle pasa una mujer bajo un paraguas.

Y luego un coche.

Crecen los muertos.

Crece el vendaval de la nada.

El mundo se acaba. Lleva acabándose desde el principio de los tiempos.

También nosotros nos acabamos: el relámpago se extingue tan deprisa
      que parece que haya muerto antes de nacer; y ni siquiera ha
      cancelado la oscuridad.

(No obstante, el relámpago siempre es joven).

Somos la oscuridad.

La oscuridad es esta carne que ya nadie acaricia, los músculos reacios,
      la razón a la que blandamente me adhiero, el ojo que me mira,
      el ojo con que veo morir.

La oscuridad se prolonga en mí como el agua del río se prolonga en
      avenida e inunda la ciudad de una constelación de negruras.

Me presto a la oscuridad con la fatalidad de la rama que prolonga
      al árbol, con la obcecación de la luz que perdura cuando se ha
      apagado la luz.

No ha sonado el timbre.

Nadie me ha llamado por teléfono.

No he recibido ningún mensaje.

Crecen los muertos.

Es mediodía, pero estoy oscuro.

Un día gris.

Las campanas no doblan.

Veo la rodaja de limón al fondo de la taza de té. Se está resecando.
      También para ella está cerca el fin del mundo. Es un fin del mundo
      humilde, pero inequívoco. Tan apocalíptico como el mío.

En las redes sociales no caben ya más poemas.

Todo el mundo escribe poemas.

También yo, aquí, solo, lloviendo, oscuro, muriéndome.

Todo el mundo quiere decir.

Todo el mundo agoniza.

Crecen los muertos: cuando acabe este poema (si es que lo acabo; si es
      que es un poema), habrá algunos muertos más, algún silencio y
      alguna invisibilidad más.

Habrá más muerte.

La muerte también bebe té, y se aparta cuando se cruza con alguien por
      la calle, y soporta la soledad.

La muerte también escribe poemas y es objeto de ocurrencias celebradísimas.

Pasa un camión de la basura. ¿A estas horas?

Quizá se lleve también los libros que algún vecino, solidario o desalmado, deja a veces junto al contenedor de papel. Si no lo hace, bajaré yo, burlando la prohibición, a recogerlos.

Crecen los muertos.

Se ha abierto algún claro en el cielo, pero sigue lloviendo.

Aquí dentro nadie se ha movido, salvo la gata que patrulla el piso vacío.

Ni la soledad ni yo nos hemos movido.

Ella está lejos, dentro, siempre. Las campanas suenan más cerca que sus jadeos.

Ya he retirado sus fotografías, enmarcadas en plata, del comedor y el dormitorio.

La gata me mira con ojos ferozmente verdes.

La gata es la soledad.

Pronto habré de ordenar el pasado: limpiarlo de lluvia, desempañar la oscuridad, quitarle el polvo a la muerte. Qué pereza. Como ordenar la biblioteca.

Qué pereza, la soledad.

Qué pereza, morirse.

Pero tendré que hacerlo. Darle la mano al mundo que se va, e irme con él. Echarle el brazo por los hombros a la muerte, que ha venido por la calle, con un paraguas, apartándose de los demás transeúntes, y se ha acomodado en mi sofá, en mi lluvia, en mi soledad.

La muerte está bebiéndose mi té y escribiendo el poema.

Lo peor del fin del mundo es que ya no podré prepararme un té y tomármelo mientras escriba, ni componer poemas —lo que acaso agradezca el mundo que se acaba—, ni salir a la terraza para ver cómo envejece la tarde, cómo carraspean los árboles del parque, magullados por la tormenta, cómo las bicicletas de mis hijos se llenan de herrumbre con el aire herrumbroso de esta tarde aterida.

En el fin del mundo no hay vacaciones; ni siquiera se libra los fines de semana.

Seguiré refugiado en esta burbuja de ladrillos y libros.

Y seguirá lloviendo, aunque resplandezca el sol.

Y crecerán los muertos.

Y ella se habrá marchado, como se marchan los bárbaros tras arrasar la ciudad.

Y escribiré, observado por la soledad, sentada a mi lado, que sonríe por
    mi torpeza y mi muerte, por más que yo finja desdeñarla.
La soledad bebe té.
La gata bebe té.
Aún llueve.
Aún estoy aquí, derrumbado en este osario de clase media, roído por
    el viento que se cuela por entre los huesos y se arremolina entre
    los libros, solo, humillado por las cremas que dejó, por las medias
    y las bragas que aún encuentro cuando no quiero encontrarlas,
    sometido a los ojos dolorosamente verdes de la gata, a la acidez
    del té y a la mordedura de la extinción.
Crecen los muertos.
Crece la nada en las calles.
Las calles son la nada.
Llueve.
Escribo.
Muero.

[De *Todo queda en nada*, inédito]

Odalis Pérez

ARIEL MONTOYA
(Nicaragua)

Poeta, escritor y periodista nicaraguense exiliado en Miami. Columnista internacional. Autor de los poemarios *Silueta en fuga, Perfil de la Hoguera* y *Poeta autoconvoado*. Director fundador de la revista de cultura *Decenio* y Canciller de la Academia Norteamericana de Literatura Moderna en Miami.

BREVE CANTO PERSONAL

Para Guiselle

No sé dónde está el fin
y el agua de mis ojos es la misma de siempre
de asombro y espanto,
desde la placenta la verbena y el trémulo abismo.

Me asomo pues al espejo para ver el otro que fui,
aquel que soy y el que llega entre afanes
(sin aviso de recibo) con
la muerte entre mis expedientes.

De Quijote está de más decir en pos de quebrantados molinos
en la justa batalla;
al frente del niño perdido en el rebozo del asma,
a cuestas en el suspiro de mis padres
en la esquina adolescente de las muchachas
que duermen el ocaso del beso
junto al pobre hombre que creció
sobre el despeñadero de tantas ciudades perdidas
entre amigos que sobresalen
en la rasgada guitarra del recuerdo y sus gozosos cantos
con tantos sueños en la creciente de este río
que me arrastra hasta otras orillas y me devuelve
a los días iniciales,
con el canto de cuna que aun ronda
sobre la áspera colmena del tedio,
debajo del débil techo de mi blanquecina calva
que clama inquieta como el águila que entre
flaquezas y vida,
solo ansía clavar el pico o volver sobre sus alas
creciendo en su infinito vuelo.

De religiones poco asistido, pero
a manos llenas cargado de empatía siguiendo a
Cristo en su sacristía.
Terco, certero, tranquilo, enredado, de amores inusitado
y hasta a veces habitualmente apaciguado,
pues soy el que dice, el que nace el que habla y el que ama
en esta vida de ilusiones plagiadas y auroras martirizadas
en la que va mi cantar sobre la estatua de mi nombre
en ausencia, con dolor
con huellas
mientras huyen de mí las sombras
periódicos sin calles
urbes vacías, pestes en pista y en pasta
hasta un nuevo abril que entre parques,
avenidas, océanos, luciérnagas en la noche
manos tendidas
libres,
volverá.

Miami, 30 de abril de 2020.

Lirios sin cementerio

Ivonne Sánchez Barea

MATEO MORRISON
(República Dominicana)

Escritor, abogado, poeta y ensayista, ganador del Premio Nacional de Literatura de República Dominicana en 2010. Doctor Honoris Causa en Humanidades por la Universidad de Ohio, ha sido profesor de secundaria y universitario y dirigió el Departamento de Cultura de la Universidad Autónoma de Santo Domingo (UASD). Ha publicado más de 30 obras, correspondientes a diversos géneros literarios. Algunas de sus publicaciones más recientes son: *Mateo Morrison Antología Poética* (2015), *Terreno de Eros* (2017), *Cultura y Literatura* (2017), *Caminar con las palabras* (2017). Escribió la novela *Un silencio que camina*. Algunos de sus poemas se han traducido al chino, coreano, francés, hebreo e inglés.

PANDEMIA, HOSPITAL, RENACER

Nuestra anatomía adolorida y sangrante
casi no soporta esta ausencia de flores.
¿Dónde está el jardín que debió acompañarme?
¿Dónde está el cerezo centinela del patio de mi casa?
Este sangrado que fluye
tan veloz, tan invisible, tan atroz
despejado de lunas
agrediendo los arcos del sol
blandiendo estiletes contra la humanidad
a orillas de la parca
nunca lo habríamos imaginado.

Una distante casi imperceptible voz
anuncia la localización de lo inasible,
volver a respirar mirando las paredes de un hospital

nos podría llevar de nuevo hacia lugares
donde se cultiven las semillas
de vidas capaces de renacer.

INSTANTE DE LA MUERTE

A Carmen Delia Fortunato (Nina)

El velatorio ahora se llena de himnos.
Gargantas amorosas entonan un adiós
acompasado.
Quienes la vimos orar bajo los árboles
sabemos que en verdad amó su cielo
y que cuando viajemos a algún sitio del
mundo
su oración ahí estará
como una flor que se pasea
llenando de tristeza
nuestros ojos.

La escena de la muerte

Al llegar la noche
mi casa se convierte
en un cementerio democrático.
Cada uno elige el lugar de su tumba.
Ponemos al desnudo nuestra vocación
de vivos cadáveres.
No se oye ni un murmullo
Y es que a veces
— Lo saben los vecinos —
Jugamos a morirnos.
Nuestras flores ya no crecen
Y sus tonos amarillos se integran
al lúdico sentido de la muerte.
Las puertas carcomidas están yertas
Y las polillas han decidido
Detener su hermoso trabajo en la madera.
Los clavos se oxidan
ahora más veloces.
Entran en mi casa.
Todos hemos aprendido a actuar
En la escena impostergable de la muerte.

PREOCUPACIÓN POR LOS HUESOS

Blanquecinos, liberados de la carne,
flotando en los cementerios
están los huesos.
Me preocupa su destino
entre aguas que se desplazan
posándose y abonando las flores.
Amo las plantas silvestres
ejerciendo la libertad,
multiplicándose siempre
en estos camposantos
donde permanecen brillantes
y solitarios
los huesos más queridos.

LOS SOBREVIVIENTES

Estamos aquí prestos a continuar la vida;
sobrevivientes del tedio
ensayamos nuevas alegrías
de muertos revividos.
Los Lázaros modernos
somos una legión indestructible;
ayer depresivos y tristes,
hoy preparamos los instrumentos
para la gran fiesta.
Mañana volveremos a caer en el vacío
y así hasta el infinito.

Francisco Muñoz Soler

(España)

Poeta español con una obra publicada en países como España, México, Estados Unidos, India, Cuba, Perú, El Salvador y Venezuela. Su obra aparece también recogida en Antologías y en más de un centenar de revistas literarias. Organizador del Ciclo Poético Plenilunio, El escarabajo de oro de relatos en Málaga, Coordinador del Ciclo Voces Compartidas de la Asociación Colegial de Escritores, Delegación de Málaga. Ha publicado más de una veintena de libros, poemarios y antologías, entre los que se encuentran *Latido* (2019), *Elocuencia de silencios* (2019), *Zona Cero* (2012), *Ícaro* (2011), *Áspero tránsito* (2006), *Lluvia ácida* (2000). Traducido al inglés, francés, italiano, árabe, bengalí, ruso, rumano, assamese, kazajo, alemán, hindi.

1

Nos refugiamos en la oscuridad

Nos refugiamos en la oscuridad, que intenta caer sobre nosotros con un tono rítmico que a cada impacto se hunda un poco más en la fragilidad donde somos más vulnerables,

en una guarida ante el miedo, ante la indefensión, porque siempre nos hicieron creer que todo dependía del arrojo ante el peligro, de ser vanguardia ante el enemigo, nunca nos prepararon para ser uno y todos a la vez refugiados,

ahora, lo invisible nos enseña que nadie es inmune que todos formamos parte de este mundo, hasta el último de los minerales.

Nos refugiamos para volver a respirar y volar con ingrávidas alas a cielo abierto.

2

De repente llegó la oscuridad blanca como la nieve

Maldita sea la ira que habla con la lengua del odio
María Wine

De repente llegó la oscuridad blanca como la nieve, en un páramo quebrado, de hendiduras que llegan hasta lo más íntimo, un cataclismo en el que se confronta la maldad con su destrucción y la bondad más generosa,

una encrucijada, sin tiempo para contemplar los acontecimientos, porque la hoja siega a velocidad de vértigo, no da opción, actuar antes del estruendo o ser diluido por sus ácidos no nombrados.

Desde mi confinamiento espero la respuesta.

Siempre he sabido que las élites se apoderan por cualquier método de
lo que desea y se maneja con experiencia en el caos que provoca con ira,
con la lengua del odio, ahora es posible que intente cimbrear el árbol
para que nada cambie, para proteger sus posiciones, en un mundo
deshumanizado con continua represión a la naturaleza,

pero esta catástrofe no es un círculo cerrado, y los pobladores
del páramo a pesar de estar cegados por el resplandor del hielo y
ensordecidos por los mugidos de sus bocas, deben rebelarse a la marca
del hierro candente,

crear un canto, del que mane agua cámbrica, origen de nueva vida,
que sea señal de luces en el desfiladero por donde caminan, que sea un
himno de futuro, con un lema inequívoco,
«Nunca más la intemperie será nuestro cielo»

3

La nieve golpea las ventanas, nos alcanzó

> *Pero al otro lado de la ventana está el páramo, paralizado,*
> *con hielo...hasta un cielo blanco sólido no iluminado*
> Anne Carson

La nieve golpea las ventanas, nos alcanzó. Al otro lado está el páramo,
se extiende a lo lejos con un manto blanco, en él se dibuja una gran
depresión que anuncia mal tiempo, el miedo es eso,

el viento golpea con fuerza, con voces que distorsionan, que afirman
que es fruto del pecado, ¿Qué es pecado?, no te culpes de la ventisca,
cuenta los hechos, sus características,

porque no es un tiempo vacío, es el momento, en lo inmóvil desde
dentro si sabes escuchar, oirás los sonidos que nos animan para la
prueba:

¿Cómo quieres ser libre?, encuéntrate en el camino, cuando amaine la
ventisca.

4

En este mundo tan necesitado de bondad y ternura

En este mundo tan necesitado de bondad y ternura, un meteorito en forma de virus se ha extendido por todos los espacios de nuestras vidas, provocando un extraño dolor que nos recorre,

abruptamente se ha filtrado en las fallas causadas por el impacto, instalándose en las lágrimas y el miedo, una desolación de escombros, que nos obliga a apreciar la exuberancia de nuestros valores íntimos, y a mantenernos solidarios para encontrar soluciones,

¿Cómo reiniciar nuestras sociedades?, diseñadas por el expolio de la codicia, ¿será un devenir más humano?, cambiando la inercia de las construidas durante milenios, ahora que los avances tecnológicos auguran que es posible,

¿Cambiará lo necesario para que nada cambie?, y empezará un mundo aséptico, de geolocalización de personas, identificaciones por rasgos faciales, de máquinas que en nanosegundos sabrán más de ti que tú mismo, de entretenimiento superfluo y conocimiento restringido,

En este estar confinado me llega el deseo de flotar, dejarme llevar por la humedad del mar, hasta su orilla, sentir el yodo golpear mi rostro y rompa el mundo de mis sentidos, que formen una sinfonía que sea caudal de esperanza,

en este tiempo tan golpeado por el dolor y desesperanza, en el que es tan necesaria la compasión.

5

Después del caos enmudeció el día

Después del caos enmudeció el día, la voz de la humanidad bajo el cielo de su arrogancia en una disyuntiva, ¿cómo actuar?, en una zozobra que se expande a una velocidad para la que no estaba preparada debido a su soberbia, y el miedo lo devora todo, no deja resquicio a nadie; para ahuyentar la angustia es necesario ubicarnos, entender el sentido del sin-sentido del mundo, y actuar con coherencia en virtud de la dimensión de la catástrofe,

porque somos unidad como especie, en un planeta en el que no estamos solos y el desequilibrio de los ecosistemas y las sociedades nos hace muy vulnerables, porque todas las muertes son nuestra muerte, el camino para romper el cerco será el de todos.

Romper la percepción automática de los signos
[secciones]

El objeto artístico rompe con la percepción automática de los signos
Marina Nuñez
2020

1

Entender que el equilibrio en el orden de la vida

Los dioses son la mercancía con la que trafican los poderosos
Chantal Maillard

Entender que el equilibrio en el orden de la vida está regido por la
violencia es fácil, solo hay
que observar la naturaleza, que la vida se manifiesta en círculos de
transformación de
energías, unos se mantienen de otros, hasta el infinito.

Es fácil de entender hasta que nos topamos con la violencia humana,
ahí crece el marasmo
para encubrir lo peculiar de la misma, hacer daño por codicia o por el
placer de causarlo.

Entonces debemos hacernos preguntas incómodas para comprender el
relato, para
desenmascarar el impuesto, hay que descender hasta las fuentes
ancestrales de la
construcción de la historia, aprender de los mitos, de la acomodación
de los mismos al orden
necesario,

en la que la violencia de los poderosos está avalada por Dioses
ajustables a la normalidad en la
que se sustenta.

2

Un rebaño de ovejas blancas, homogéneas circulan con el tono del diapasón del pastor y
sus perros guardianes, prestos a mantener la normalidad y asimilar a las negras, para que no
perturben el paso, el destino apropiado,

múltiples serán los métodos para estigmatizar a los monstruos, serán negros, díscolos,
invertidos, sucios, un sinfín de motivos para segregar al distinto,

por nocivos y enemigos del bien común al que todas las ovejas deben aspirar y los guardianes
proteger,

por el bien de los pastores.

14

¿Tengo motivos para pensar que estoy vigilado?

I

Tengo una aplicación en mi smartphone que me recuerda todos los establecimientos
comerciales, a los que he entrado en los últimos tres años,

para que los puntúe o deje comentarios.

¿Tengo motivo para pensar que estoy vigilado?

Odalis Pérez

CARLOS PARADA-AYALA
(El Salvador)

Oriundo de San Juan Opico, es autor del poemario, *La luz de la tormenta/The Light of the Storm* y ha recibido el premio Larry Neal de poesía en Washington, DC. Es co-editor de la antología bilingüe *Knocking on the Doors of the White House: Latina and Latino Poets in Washington, DC* (Zozobra Publishing, 2017). Con la versión en español de esta antología, *Al pié de la Casa Blanca: Poetas Hispanos en Washington, DC*, publicada por la Academia Norteamericana de la Lengua Española (2010), la Biblioteca del Congreso celebró cuatrocientos años de poesía escrita en español en Estados Unidos. Parada-Ayala recibió el reconocimiento «Independencia 2013» de parte de la Embajada de El Salvador en Washington, DC «por su destacada trayectoria y aporte a las letras nacionales, así como por su solidaridad con sus connacionales». Ha participado en el Encuentro internacional de poetas «El turno del ofendido» en El Salvador, en el Festival de nueva poesía y el Festival latinoamericano de Poesía en Nueva York, y en El maratón de poesía del Teatro de la luna en Washington, DC. Su poesía ha aparecido en antologías y revistas internacionales y forma parte de la serie The Poet and the Poem de la Biblioteca del Congreso. Parada-Ayala tiene licenciatura en literatura hispanoamericana y maestría en educación. Fue co-fundador del grupo cultural y literario ParaEsoLaPalabra y fue miembro del colectivo literario Alta hora de la noche. Ha participado en el grupo internacional de poetas y artistas de los Ablucionistas con sede en México.

MÁSCARAS

Después de César Vallejo.

All I ever had...
Bob Marley

Si los labios se acongojan
o arrebatan los sentidos,
yo no sé.

Los ojos hablan,
no obstante enmudecidos
sin la imagen manifiesta de los labios.

Entre últimas magnolias
y primeras azaleas,
hay mensajes que se empozan
en efímeras miradas,
piernas que se alteran
al oír otras siluetas.

Por el mar desparramado del ocaso,
el cardumen de corolas aletea manso
en la luz de las pupilas
y lo que antes era sobresalto
hoy es el cariz de algún afecto.

¿Y qué de los escombros en la sien?

Más que la pandemia,
indómitas se esparcen las esquirlas de la infamia.

A pesar de todo, en las salas de emergencia,
hay tactos transmitiendo ecos de ternura
por la piel artificial de guantes extenuados.

Fotografías sonrientes
suspendidas de los torsos
bastan para extasiar,
romper las cotas de este cataclismo,
y resurgir con el cantar a flor de piel.

El confinamiento fue un volver a la matriz,
un remanso en donde la palabra resistió
y se negó a vivir enmascarada.

En el resplandor,
hubo quien se despojó el sudario,
removió la piedra,
y habló de redención.

Hombre tinta

Wilson Abreu

JAVIER PAYERAS
(Guatemala)

Narrador, poeta y ensayista. Ha publicado: *La región más invisible* (ensayo, 2018), *Volumen de islas* (poesía, 2017), *Esta es la historia azul cobalto* (diarios, 2017), *Slogan para una bala expansiva* (poesía, 2015), *Fondo para disco de John Zorn* (diarios 2013), *Imágenes para un View-Master* (antología de relatos 2013), *Déjate caer* (poesía 2012), *Limbo* (novela 2011), *La resignación y la asfixia* (poesía 2011), *Post-its de luz sucia* (poesía 2009), *Días Amarillos* (novela 2009) *Lecturas Menores* (ensayo 2007), *Afuera* (novela 2006), *Ruido de Fondo* (novela 2003), *Soledadbrother* (poesía 2003), *Raktas* (poesía 2001) (...) y *Once Relatos Breves* (cuento 2000) y la antología *Microfé: poesía guatemalteca contemporánea* (editorial Catafixia 2012). Su trabajo ha sido incluido en diversas antologías en Latinoamérica, Europa y Estados Unidos y su obra —completa o parcialmente— ha sido traducida al inglés, alemán, francés, italiano, portugués y bengalí. Actualmente escribe para http://revistapenultima.com/, https://casiliteral.com/, https://lazebra.net/

SE HAN IDO LOS ABRAZOS

Se han ido los abrazos en las noticias del mundo.

Están vacíos los ritos y las albercas. Los perros en su casa celebran que una mano los acaricie en calma.

Pero afuera corre una memoria siniestra que solo los viejos saben. Gente en dos manos sube a las patrullas y eso es todo. Tocar la alacena vacía hace que la muerte sea menos.

Vibra un silencio santo, la sanción de la tragedia que se mueve de mano en mano.

Añadiremos a nuestra desgracia a la corrupción, a la política y a los mismos, ¿por qué aún no penden de una soga frente a los ojos de la rabia en una plaza llena? No lo sé.

Triste avanzará más este silencio hasta llenar la última campana.

Hoy no saldrán los santos directo a la primera liquor de carretera. Solo podrá encenderse alguna pantalla para una llamada.

De este tiempo recordaremos cuando nos hicimos tan primitivos, que en pleno incendio de las bodegas del dinero, decidimos únicamente salvar el fuego.

Guatemala, 2 de abril de 2020

Odalis Pérez

ODALIS G. PÉREZ
(República Dominicana)

Dr. en Filología y Semiótica por la Universidad de Bucarest, Rumanía, profesor de la Facultad de Humanidades y la Facultad de Artes de la Universidad Autónoma de Santo Domingo y miembro de número de la Academia Dominicana de la Lengua y Miembro de Número de la Academia de Ciencias de la república Dominicana; fue director por seis años de la Escuela de Crítica e Historia del Arte de la Universidad Autónoma de Santo Domingo (Facultad de Artes, período 2009-2014). Ha publicado numerosos libros de ensayos, entre los que destacan: *Las ideas literarias en la República Dominicana* (1993), *Semiótica de la Prensa* (1999), *El tiempo de la poesía y la memoria* (2007), *Arte Identidad y Cultura en República Dominicana* (2009), *El Horizonte y la Memoria: Ensayos sobre Filosofía, Estética y Literatura* (2010), y *El discurso poético dominicano en el siglo XX* (2014). Como poeta ha publicado: *Habitácula* (1987), *La Pirámide en el hombro del dios* (1988), *Papeles del Eterno* (1999), *Tímpano terrestre* (2013), *Duarte melancólico* (2013); *Perro no come perro* (2015), *Especie en movimiento* (2015) y *Planetario* (2017).

Contra la espera

El día se desgrana en ese cuadro insólito, abrupto
Insistente de la memoria. Cuerpos y preguntas que no resultan de
espejos sórdidos. Materia de trasmundo y asombro.
Certera duda nacida en la trampa movida
por el otro que transgrede formas,
corceles de una noche interminable.

Sal de ese castigo que todo lo trastorna,
lo vuelve tierra, huella, ceniza en tiempo,
dimensión de incertidumbres. Rumor de ángeles y especies selenarias.
Cuerpos que no transitan el sueño de lo visible.

Hoy es el mañana
que aprendimos en la escuela. Tiempo del poniente donde la huella
precipita sus movimientos. Numen
y estigma. Moneda rota salida del vientre que abraza noches, signos de
la esperanza. No hay diosa solitaria en el momento de la renuncia.

Regreso de un viaje que no termina nunca.
Encuentro de la pregunta
sobre la huella del pensamiento.

Cuerpos de mundo
Ciudades nacientes
Edades cautivas silencios que se

rompen al toque de una

mano surcos que se mueven frente al sol
Que no se esconde

Luciérnagas que salen
Bajo el manto
De una noche interminable

El ayer es el hoy
Y el hoy es el ayer
Siete días
Siete noches
Cábala para descubrir
Los grandes gestos
De este mundo
No hay pena solamente
Hermano

Surge cada día un himno
Un río
Que abarca tiempo
Y profecía
Pavor y ruidos luminosos
Pedúnculos y sueños
En el aire
Este día
Sin embargo tiene su suelo en la presencia

Hay gestos que marcan
Una historia
Una siembra en la visión

POEMA DE ESTOS DÍAS

El eco, la visión del instante

La tos

La fiebre que comienza
Un ligero temblor
Los huesos reventando
Cavidad que acoge dudas

El contagio se vuelve
Sueño
Temperatura
Y voz
Lo necesario para ir
Saliendo de la vida

Aquí abajo
Empieza a ser
Como allá arriba
Todo soledad
Y asfixia
Todo sinrazón y vuelo

Ya vives o mueres
Todo será lo mismo

La caída del cuerpo
Y el sentido
La edad de la sombra y la batalla

Luego todo lo que ves
Solo será niebla
Silencio y subida al infinito

Luego
La memoria de los otros

Y esa fiebre
Esa fiebre de vivir

Un ligero

temblor

Vuelve a la gravedad
Y al dinamismo del punto. Espera que regrese la palabra.

No pierdas la voz
Ni la mirada.
Respira hondo
Pero avanza

El ojo que te mira
Espera tu respuesta
Nada más para decir lo necesario del ser y la pregunta

Duele cada vez más
La encrucijada y el deslinde
El cuerpo que está en
ti
Amaneciendo a penas
Diciendo lo que espera
Tu deseo
No es
tarde. Sin embargo la mano apunta aquel despojo de la noche.

Ven
Acércate viva en la presencia
Sueña la palabra de estos días.

Un poema: vertientes

La otra esfera
La otra línea
El otro plano del todo
Y de la nada.

La vertiente crea su visión.

Al otro lado del mundo
Se oyen nuestras voces
Secretas diurnas y nocturnas pero voces al fin.

Aquel camino nos lleva al centro de las cosas.

Vida del poema cuyos tonos y esperanzas alcanzan los puntos
Terrenales. Lunares.

Serpentinos.
Así las cosas el otro nos busca en sus adentros
En sus huellas naturales.

Sólo el tacto produce su costumbre. Debajo
del mundo se teje el silencio
La batalla como sierpe.

Se trata de un nimbo
Y una esfera
No mata el animal que mira la presa en su

Costumbre.

Se abre el poema al vuelo del secreto. Raíz de
sueño y lejanía.

La vida nueva

CIUDAD DE LA MEMORIA Y EL OLVIDO

Átomo de claridad y oscuridad.
Descubrimiento del nombre en la vigilia
Del eterno.

Fiebre de la memoria y el
olvido.
Pasos en el agua y en la huella que avanza
en la estación del día.
Grano de cielo y tierra,
Recordar el mundo en sus extremos.

AVE de historia y de silencio.Punto fuerte de la voz y el tacto. Suerte de
palabra y de futuro.
Viento. Camino de alas.
Pregunta sigilosa.

De allí brota la forma.
Extasis del punto en la mirada de los sueños. Edad que se propaga
En la memoria del poema.

Vuelo del alma, tiempos de pandemia

Ivonne Sánchez Barea

María Ángeles Pérez López

(España)

Poeta y profesora titular de Literatura Hispanoamericana de la Universidad de Salamanca. Ha publicado varios libros de poesía. Antologías de su obra han sido publicadas en Caracas, Ciudad de México, Quito, Nueva York, Monterrey, Bogotá y Lima. También, de modo bilingüe, en Italia y Portugal. Es hija adoptiva de Fontiveros, el pueblo natal de San Juan de la Cruz.

Manual imperfecto para la cuarentena

Donde dice
día
debe decir
rugosa sucesión de lo no sucesivo, lo que solo es simultáneo
o conjunto de huesos y escamas que han desalojado su pulpa / su raíz

Donde dice
frío
debe decir
mucho frío
o mes que desconoce su nombre y su razón / mudez ensordecida

Donde dice
distanciamiento
debe decir
tierra yerma
o allí donde pinos / eucaliptos /cipreses se expanden mientras sus
    resinas transforman la materia orgánica en suelo
    como también la muerte convierte el cuerpo en suelo

Donde dice
ahora
debe decir
quién sabe
alguna vez supimos pero ahora / qué significa ahora / a / hora

Donde dice
enfermedad
debe decir
salud

Donde dice
enfermedad
debe decir
salud

Donde dice
enfermedad
debe decir
sal /

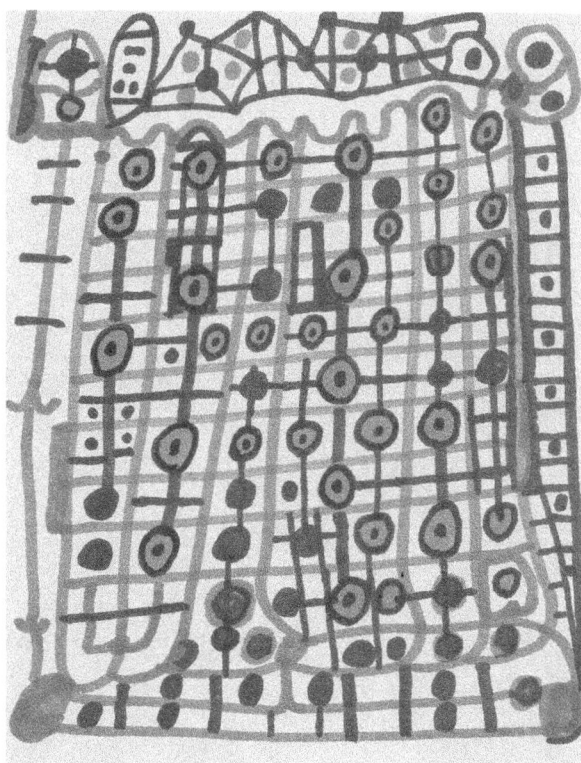

Odalis Pérez

SILVANA PEZOA
(Chile)

Tal como mi nombre lo dice, Silvana, soy habitante de la selva, nacida el milenio pasado, humana y humanista, mujer y feminista, profesora y maestra, liberada y liberal, creyente y devota de la multidimensionalidad, rebelde y terrestre, escritora y escribiente, madre y criadora, así he sido hasta ahora.

PANDEMIA *NEW ORDER* O SIN DIOS NI LEY, AVANZA EL *GUASHURNEI*[1]

Me pasa con esta pandemia, que siento que estaba totalmente preparada para ella. En la casa de mi abuelo, en Temuco, había una pequeña biblioteca, uno de los textos que llamó mi atención siendo yo muy joven, 11 o 12 años, fue *El Decamerón* de Giovanni, mi primer libro gordo, de un precioso empaste de hojas finas y letras doradas. Cien textos breves, cuentos, novelas cortas, historias de amor que van de lo erótico a lo trágico y a lo cómico. Son relatos ingeniosos y divertidos que plasman lecciones vitales, porque ya lo sabes "entre broma y broma, la verdad asoma". Bocaccio escribe este libro entre 1351 y 1353, pocos años después del azote de la peste negra en Europa en 1348, específicamente en Florencia, donde sólo un quinto de la población sobrevivió a ésta, la más mortífera de las pandemias en EuroAsia.

Obviamente, el contexto en el que se desarrollan estas historias es justamente ese. La obra empieza con una descripción de la peste bubónica, la plaga que se propagó como reguero de pólvora por una Europa que nadaba en su propia caca. Esta emergencia sanitaria motiva diversas reacciones en la gente, tal como lo vemos actualmente, bajo estas circunstancias, un grupo de diez jóvenes, siete mujeres y tres hombres, huyen del estrago y se refugian en una villa en las afueras de Florencia, donde comparten las historias que se cuentan en el libro.

Ahí pude ver cómo evoluciona el ser humano frente a una catástrofe, cómo enloquece, cómo desespera, cómo busca salidas, cómo resurge y cómo es vencido. Es también evidente cómo hay ciertos privilegios que son un claro factor a favor de la supervivencia, en estos tiempos, como en aquéllos, pueden hacer cuarentena quienes tienen vivienda y un colchón económico o una red social que nos permite tomar esto como un retiro creativo o espiritual. Además de una contextura letrada y reflexiva, que permita asumir con altura de ánimos y perspectiva el tremendo desastre, que se avecina, dicen unas; que ya está aquí, digo yo.

---

[1]- *Guashurnei es una mala pronunciación de Guachuneit, un movimiento popular en Chile.*

Después de esas vacaciones, me sumí en la biblioteca de mi padre, que contaba con una amplia colección de la edición Minotauro y los mejores cuentos y novelas de fantasía y ciencia ficción, que nos abren a otros mundos no tan imaginarios, es así como *Fahrenheit 451* y *1984* se van configurando como fieles retratos de nuestro pasado reciente, mientras se van abriendo las disyuntivas de la matrix y los otros mundos posibles, que plantea la literatura maravillosa en la parte sur de América con su peste del insomnio y sus amores en tiempos del cólera. Aparece entonces la otra pandemia, la de la explotación, el progreso, la modernidad, la conquista que nos ha sometido tantos siglos y que ha significado la muerte de miles de millones de habitantes, devastando la región y que persiste hasta el día de hoy, bajo el mando de sicarios contratados por las grandes empresas. Si la peste negra ha sido el evento más devastador para Europa, la conquista ha sido el de América, más de 500 años de saqueo y destrucción, bajo la opresión de los imperios inglés y español y ¿cómo estamos ahora?

Hoy en día, esas mismas monarquías sufren también un merecido colapso, casi parece necesario recordar que vivimos en el siglo XXI y todavía existe esta aberración humana que es la realeza, una clara muestra de que avanzamos pero no tanto y de que Gramsci tiene mucha razón en relación a cómo se establece la hegemonía. Afortunadamente hay algunas rendijas en la matriz y hace ya algunos años que se incrementa y endurece el cuestionamiento a las distintas coronas que existen aún y que, como bien sabemos, son un virus fatal.

Los *royals* británicos enfrentan su peor escenario en muchos siglos debido a la relación del príncipe Andrés con la red de pedofilia internacional que manejaba su amigo Jeffrey Epstein, lo que lo ha sacado

---

Nota de la autora: como ejercicio de lenguaje inclusivo he decidido usar el femenino para expresar tanto a hombres como mujeres, cuando escribo todas, me refiero a la totalidad de la humanidad, hombres y mujeres. El uso del masculino genérico lo dejo para circunstancias en que efectivamente son más los hombres quienes participan del fenómeno mencionado. En principio he optado por una argumentación cuantitativa en lo del lenguaje inclusivo, somos más mujeres en el mundo, el genérico para la humanidad debe ser femenino. Son más los hombres en determinadas posiciones, se usa entonces el masculino. Hace un tiempo que me parece que el exceso de citas hace ilegible un texto, entiéndase que esto que escribo, no lo digo sólo yo, lo han dicho muchas más antes, demasiadas como para citarlas a todas y cada una. Aunque confieso que los años me han hecho ver la profunda sabiduría y verdad que reside en el dicho popular a los que hago referencia con frecuencia y que asumo como certeza comprobada por siglos de experiencia. Las citas son simples, autor/a, título, año y lugar, adiós a la dictadura de APA.

de la vida pública, aunque no podemos decir que esté cerca de llegar a la cárcel. Trata de sobrevivir además a la partida de uno de sus herederos icónicos, hijo regalón de la «princesa de corazones», hacia la comarca real del Canadá, debido al deseo de los duques de «vivir una vida normal».

En los otrora reinos de Juana la Loca y Felipe el hermoso, los robos y escándalos del rey Juan Carlos hacen que veamos en Europa, por primera vez quizá hace muchos años, una crítica real y concreta hacia el sistema monárquico. Me parece, además, que la corrupción de Juan Carlos toca el nervio profundo de las revoluciones truncadas, ya que él, justamente, encarna esa transición tan anhelada de las dictaduras a las democracias, de la guerra a la paz. Por eso, todos estos fraudes y evasiones sólo vienen a mostrar lo falso de esos procesos y cómo se han perpetuado en el poder los mismos de siempre. En América todas las revoluciones que se planteaban como la vacuna contra los malos gobiernos, terminaron siendo los peores focos de corrupción y destrucción.

Así es la peste del insomnio, de la autoexigencia y la autoexplotación, de la disponibilidad 24/7, de las drogas de la productividad, la que nos lleva al olvido de quienes somos y qué soñamos, para ponernos a disposición de empresas desalmadas, de funciones vacías, de organizaciones truchas, de una justicia vendida, más que vendida; que se alimentan de nuestra vitalidad y habilidades hasta dejarnos sin nada. Éste es el peor virus, el cambio en nuestro eje valórico, el foco puesto en el tener, olvidando totalmente el ser, la monetización de todo, el toque de Midas presentado falazmente como una bendición ¿Y qué? Ahora todo se hace por la moneda y se pierde la esencia del hacer para ser y, ojalá, quiera la divinidad, servir.

Paradójicamente, hemos tenido que despertar de este estado letárgico de vigilia constante, del trance de la sobre explotación, el progreso y la sobre producción. La ilusión de la economía viene cayéndose desde la gran depresión del siglo pasado, estos años vivimos en la ola migratoria más intensa de la historia de la humanidad, con más de 260 millones de personas que abandonan su lugar de origen por las más diversas razones, entre las que predominan las guerras de todas las intensidades, así como el cambio climático y los desastres naturales. Esta ola se ha venido intensificando hace décadas y seguirá incrementando, es fácil predecir una migración desde las ciudades hacia lo rural como respuesta a la hambruna que va creciendo en el mundo.

Mucha gente se ha visto sorprendida por estos eventos, pero mucha gente lo viene venir hace años. Recuerdo una ocasión en que, a comienzos del 2000, después de sobrevivir el fin de mundo que significaba el cambio de dígito del nuevo milenio en los computadores (¿se acuerdan?), llegué de visita a Tapachula en Chiapas y quise pasar a Guatemala por el paso de ciudad Hidalgo, cruzando el río Suchiate, y quedé muy impresionada por el alto tránsito de la frontera; se veía gente por todas partes a lo largo del río, bañándose, lavando ropa, cocinando o simplemente caminando y recorriendo su territorio con sus mercaderías. En esa ocasión no crucé la frontera porque no me dio confianza un hombre que se presentaba como agente aduanero y que parecía que estaba en medio de una transa pidiendo un cobro por fumigar el auto con azufre. Me sentí insegura, pero sobre todo, abrumada por el ambiente fronterizo, donde no sabes quién es quién y la verdad eres presa fácil de los embaucadores.

Después supe que este paso es uno de los más transitados por las migrantes porque es el que te acerca al mejor medio para cruzar hasta EEUU, una línea de ferrocarril por donde transitan los trenes de carga que van desde Arriaga, Chiapas en la frontera sur, hasta Tijuana, en la frontera norte. Este tren, que en realidad son muchos trenes, es conocido como «la Bestia» o «el tren de la muerte», a él suben miles de migrantes que se aferran a sus latas para no caer y morir o perder alguna de sus extremidades. El hambre y la sed acechan, si no fuera por «las patronas» y otras personas que se han organizado para auxiliarles y proveerles en su camino a Mordor, las muertes serían mayores.

Miraba a toda esa gente que transitaba, hay quienes cruzan sólo por el día, otras que vienen subiendo de más abajo, Salvador, Honduras, Nicaragua, Colombia, no hay país americano que no sufra la pandemia del desalojo, el desplazamiento, la pérdida de territorio por la llegada de bandas criminales, de tráfico de personas, armas, drogas e influencias, donde las fuerzas paramilitares, revolucionarias y criminales se enfrentan en la lucha constante de los machos alfas por dominar el territorio… y ésa sí que es pandemia, el machismo, y si tengo que explicarlo mucho es porque no has comprendido nada. Porque las muertes son muchas, muchas, muchas, todos los años, hace muchos años, se coordinan una caravana de madres centroamericanas que se organizan para buscar a sus hijos, hijas, nietos, nietas, que han desaparecido en el trayecto a su «sueño americano». Nadie cuenta esa mortandad que deja el virus imperial.

Las últimas caravanas de migrantes que han salido de Honduras hacia EEUU, así como las que salen de África a Europa, son la punta del iceberg, la cresta de la ola que se movilizará por el hambre. Mucha gente no lo ve venir, pero mucha otra, sí. En esa misma época de mi frustrada aventura a Guatemala, llegué de visita a San Cristóbal de las Casas, la cuna de la insurgencia contra la realeza, desde el lejano tiempo en que a algunos altos personeros de la iglesia les importaba aún el bienestar de sus nuevos feligreses de la nueva España, encarnaba esta preocupación el tan mentando, Fray Bartolomé de las Casas, obispo de Chiapas en 1543, quien escribiera la *Brevísima relación de la destrucción de las indias*, un texto revolucionario hasta el día de hoy.

Recuerdo claramente la entrada de ensueño al pueblo mágico, realmente una pensaba que estaba llegando a un cuento, un camino verdeado por hermosos y enormes árboles, con un pequeño lago a la diestra, te daban la bienvenida a una avenida empedrada, floreada, donde miraras veías monte verde. Cuando fui pocos años después, en el 2010, ya se hablaba de ecocidio, me sorprendí y sufrí al ver la destrucción de los bosques; la construcción de la autopista redujo un viaje de dos horas a 40 minutos y eliminó el lago y los árboles y poco a poco, gracias al nuevo camino, llegaron los depredadores de la madera de los bosques y de las piedras y la arena del cerro y del agua de los manantiales. Esta semana, 6 del 6 del 2020, San Cristóbal sufre las peores inundaciones debido a intensas lluvias que llegan en la época de huracanes y que no encuentran contención en los suelos deforestados.

Entonces, más que la pandemia del COVID 19, es una pandemia de pandemias, de coronas europeas y mafias americanas infectadas del toque de Midas, todo lo destruyen para transformarlo en oro ¿y el resto de nosotras, qué? ¿Cuál es nuestro beneficio? Porque las santas escrituras y las sagradas enseñanzas nos muestran que todo sacrificio trae un beneficio, «no hay mal que por bien no venga» y «el que persevera alcanza»… pero, en nuestro caso, estas verdades universales no se cumplen, no hay relación entre el esfuerzo y los resultados, aunque científicamente debiera haberla. Para mí ésta es la esencia simple de nuestro conflicto actual: prometiste que si te dejaba explotar los recursos, tendría mi recompensa y sólo gano malos ratos y represión, no hay salud, no hay educación, ni casa, ni respeto por mis creencias y mi trabajo. Sinceramente no tengo que citar a Marx ni a la escuela de la sospecha para explicar esta simple ecuación de la insatisfacción y la rebelión.

Configurada así esta pandemia de pandemias, toca pensar en la cura, el remedio, la medicina, ¿la vacuna?, la resistencia que debemos generar a estos virus del sistema neoliberal, primero el trabajo interno, entrenar la vista para ver la jaula, ¿cuánta gente no ve su esclavitud? En Chile se ha vuelto costumbre comprar hasta la comida a crédito, no porque gusten del dinero plástico, sino porque es la forma que se ha establecido para paliar el hambre cuando no hay monedas. Claramente en la lucha de clases van ganando los ricos por goleada, cada vez se incrementa su patrimonio, sin embargo, cada vez son menos. Lo que para mí supone el débil eslabón de la cadena del nuevo orden mundial, no veo cómo las fuerzas represivas serán capaces de frenar a tanta gente, incluso con el mayor armamento. En Chile, desde la instauración de la verdadera república este 18.10 de 2019, cada vez son más quienes renuncian a estas instituciones, mucha menos gente quiere postular, si hasta los *stormtroopers* se pasan al lado luminoso de la fuerza.

En este sentido no veo a la gente dispuesta a continuar en el camino de la degradación, no la veo obnubilada tampoco por las religiones, aunque hay que entender que el poder de la biblia es el del primer libro, hay quienes sostienen que es posible la conformación de una religión única que uniera al cristianismo con el islamismo y la verdad tampoco veo cómo pueda ser eso posible. Hay narrativas que valido al igual que la buena literatura ¿son verosímiles? Cuando hablan de la «lucha» entre China y EEUU siempre me pregunto ¿qué lucha? China es un imperio desde hace más de 2000 años, no tiene nada que ganarle a EEUU. Están en todas partes y son los proveedores de todas las marcas importantes, transnacionales que sostienen el mercado del mundo mundial.

Por otra parte, desde el 18.10 en Chile, he visto, tal como está escrito en los cielos desde el primer estallido galáctico, la necesidad de recuperar la mente colectiva, la bandada, el cardumen, la colmena, con todo lo que ello implica y que me parece es el gran desafío que enfrenta la humanidad ¿cuánto tiempo más nos seguiremos mirando el ombligo? Es un reto complejo trascender la individualidad, sobre todo cuando las experiencias colectivas han sido tan fatales como las «primaveras» de

Stalin o la «revolución cultural» de Mao. En general, en el mundo, las estrategias de desarrollo socialistas y comunistas fueron copadas por el militarismo y los comandantes que se enredan en el complejo entramado que es la carrera armamentista y el «negocio» de las armas. Por eso las vías armadas ya no son válidas, porque el negocio de las armas es el principal sustento del neoliberalismo, si quieres realmente superar el capitalismo no puedes participar de este mercado.

Y éste es el principal punto de inflexión de la pandemia de pandemias, darle la espalda a Midas, levantar la mirada más allá del centro de mí y ver al otro y comprender que el dinero no se come, no se abraza, no acompaña; ese giro espiritual es el que los poderes quieren aprovechar para manipular a las masas y ahí reside la nueva paradoja a resolver. ¿Cómo ser uno y todo al mismo tiempo? ¿Cómo lograr un colectivo que respete las particularidades y un individuo que logre limitarse y regularse en función de la otredad, tanto humana, como animal y vegetal? ¿Podremos lograr esos refinamientos sicológicos y sociales en un contexto de corrupción y decadencia? Y aquí aterrizamos de pleno en *La peste* de Camus, en *El extranjero*, que hoy encarna la migrante, y esa terrible oscuridad que nos angustia, como un encierro sin fin, y que algunos afirman, precede al amanecer.

De vuelta a mis libros, he recordado con insistencia una novela de Agatha Christie, *El espejo se rajó de parte a parte*, en esa ocasión, la señorita Marple debía enfrentar un extraño misterio, una famosa actriz llega al vecindario y ofrece una cena en la que sorpresivamente es asesinada una mujer muy irrelevante y simplona, lo que plantea un interesante puzzle policial. *¡Spoiler alert!* Resulta que la famosa actriz había perdido un hijo debido a un contagio inexplicable de rubéola, en la fiesta con su vecindad, descubre que una de las fanáticas asistentes es la causante de su dolor, al jactarse ella de haber ido a visitarla durante una filmación, justamente en la época del inicio de su embarazo, haberle pedido un autógrafo y hasta haberle dado un abrazo, a pesar de estar enferma de rubéola. Obviamente, la famosa artista no logra contener su ira y la mata en ese mismo momento, envenenando su copa con una sobredosis de su remedio y ofreciéndosela, a la pobre groupie que no supo comprender los límites de la vida y la muerte y las consecuencias de determinados actos irresponsables. El *Carpe Diem* ha tomado un nuevo sentido para mí, seguramente porque ya friso los 50 (en realidad, los voy pasando, pero quiero parecer quijotesca) y la idea de disfrutar el día no puede considerar la opción de romperle la vida a alguien más y, sin embargo hoy, es lo que más se ha visto y es parte de la decadencia espiritual.

No es sólo un tema de creencias, es también la constatación de que las iglesias son el callejón oscuro del camino del alma, hoguera de vanidades, el valle de lágrimas, los más ricos de los ricos, los mayores traidores de los valores que dicen defender, abusadores de la infancia y de los pobres que dicen ayudar ¿se puede recuperar la confianza en una institución tan devastadora como la católica? Porque desde los tiempos del padre Las Casas, la iglesia casi no ha cambiado, aunque aparente hacerlo para mantener su hegemonía, es así como no le creemos a este papa, aunque sea de nuestro pueblo latino. Sabemos que la codicia lo ciega desde el momento que permite que toda la corrupción del estado Vaticano siga avanzando hasta la pudrición. Pero no es sólo la iglesia o las religiones las que han distorsionado la esencia de los valores del primer manual de convivencia humana que es la biblia. También vemos cómo el camino de las armas se aleja de la senda del guerrero y se reduce y degrada bajo la influencia del oro de Midas, ya no hay honor, ya no hay gloria, sólo sicarios y mercenarios que venden «sus servicios» al mejor postor.

Entonces, sin dios ni ley, avanza el guachurney, y ya muchas lo sabemos, el futuro será primitivo o no será, ¿podrá la humanidad recuperar la frugalidad y la probidad como valores fundamentales de nuestro accionar, casi como un nuevo estoicismo?, ¿podremos revalidar los valores del ser por sobre el tener y las apariencias? Porque no veo posible que unos pocos uniformados controlen a las muchas patipeladas, si ni siquiera pueden controlar al movimiento anti cuarentena, son buenos con los palos y las pistolas cuando se trata de personas vulnerables, pobres, ancianas, niñas, negras, indias, siempre mansas, siempre desarmadas. Pero qué pasará cuando se levanten también las que no tienen costumbre de pobres ni de débiles ni de vencidas, las nuevas generaciones no tienen miedo a perder, porque ya no hay nada que perder. Hablan de la imposición de la vacuna mundial y acá ni la vacuna de la influenza llega porque si no se roban los jefes las platas para comprarla, se roban los empleados las dosis para revenderlas. La corrupción es la peor pandemia, el robo, la malversación, el fraude, los mentirosos y asesinos que se esconden detrás de los mandamientos que ellos mismos corrompen.

Tenemos un diagnóstico claro, veamos ahora nuestras soluciones, frente al robo, redistribuir riquezas y asumir los bienes de forma colectiva, hasta Britney Spears lo sabe, cuando terminas con la costumbre de robar, ya no necesitas a la policía ni a la milicia, ¡listo!, a esa gente la mandas a cultivar la tierra y a construir casas. Frente a la pandemia de la droga y su tráfico, ¡simple!, legalizas ese mercado y defines las tierras de cultivo, los empresarios del área pagan impuestos y respetan los derechos laborales de sus trabajadores, certificas la calidad del producto y tienes un registro de los consumidores para apoyarles sanitariamente en casos de adicción seria. ¿Le temes al control tecnológico del estado?, ¿prefieres que te controlen las transnacionales? Desde que abres una cuenta de lo que sea, desde que sacas tu cédula, tu pasaporte, entregas tus datos, cada tarjeta, ¿para qué crees que sirve esa cámara que te da tanta seguridad en cada esquina de la ciudad?, ¿qué crees que son las redes sociales? Otra decisión fundamental, cuánta tecnología nos permitiremos ¿ves los riesgos del 5, 6, 7 u 8g, es necesaria la hiperconexión?

«Al final de este viaje en la vida quedarán nuestros cuerpos hinchados de ir a la muerte, al odio, al borde del mar. Al final de este viaje en la vida quedará nuestro rastro invitando a vivir. Por lo menos por eso es que estoy aquí. Somos prehistoria que tendrá el futuro, somos los anales remotos del hombre. Estos años son el pasado del cielo; estos años son cierta agilidad con que el sol te dibuja en el porvenir, son la verdad o el fin, son Dios, quedamos los que puedan sonreír en medio de la muerte, en plena luz», cantaba Silvio, el revolucionario trovador cubano. Este año han muerto nuestros principales personajes arquetípicos, el cura poeta revolucionario, Ernesto Cardenal, el dramaturgo, Alejandro Sieveking, la actriz, Bélgica Castro, el cura obrero, Mariano Puga, el escritor, Luis Sepúlveda, la pintora Gracia Barros, el artista gráfico Joaquín Lavado, Quino, padre de Mafalda, personaje emblemático de nuestra era, quien me encarnó ideológica y físicamente hasta el día de hoy… el viejo milenio muere, vuelven los nuevos locos 20, los cambios son inminentes, ¿será que esta vez logramos un nuevo orden verdadero y no una mera repetición del viejo nuevo orden de siempre? En todo caso, como dice Redolés, «yo prefiero el caos a esta realidad tan charcha»…

Referencias:

1. Giovanni Bocaccio, El Decamerón, 1353, Florencia, https:// freeditorial.com/es/books/el-decameron.
2. Gabriel García Márquez, 100 años de Soledad, 1967, Buenos Aires, http://www.gavilan.edu/spanish/gaspar/html/24_09.html.
3. Annabel Sampson, Punto ¿y final? Para el príncipe Andrés: su retirada de la vida pública será por mucho tiempo, 2020, https:// www.revistavanityfair.es/realeza/articulos/principe-andres-jeffrey-epstein-retirada-vida-publica/45243.
4. D. P., El rey juan carlos, "una amenaza para el futuro de la monarquía" en la portada de le monde. Así lo ve la prensa extranjera, 2020, https://www.revistavanityfair.es/realeza/ articulos/don-juan-carlos-un-rey-devorado-por-su-pasion-por-las-mujeres-y-el-dinero-segun-la-prensa-extranjera/45194.
5. Reportaje sobre "la Bestia", https://youtu.be/ggY_hw2oI_8.
6. Reportaje sobre "las Patronas", https://youtu.be/PMJ1JLWbbPk.
7. Bartolomé de las Casas, Brevísima relación de la destrucción de las indias, 1552, España, http://www.cervantesvirtual.com/ obra-visor/brevsima-relacin-de-la-destruccin-de-las-indias-0/ html/847e3bed-827e-4ca7-bb80-fdcde7ac955e_18.html.
8. Albert Camus, La peste, 1947, Francia, http://web.seducoahuila. gob.mx/biblioweb/upload/Camus, Albert - La Peste.pdf.
9. Albert Camus, el extranjero, 1942, Francia, http://web. seducoahuila.gob.mx/biblioweb/upload/Camus, Albert - El Extranjero.pdf.
10. El desconcierto, Compañera Britney Spears, 2020, Chile, https:// www.eldesconcierto.cl/babel/musica-pop/companera-britney-spears-la-popstar-pide-redistribucion-de-la-riqueza-cuando-pase-la-pandemia/
11. Mauricio Redolés, Química de la lucha de clases, 1991, Chile, https://youtu.be/uppKbGX-LmI.

Después del virus, la otra sociedad

Wilson Abreu

LUIS MANUEL PIMENTEL
(Venezuela)

Licenciado en Letras (ULA) y Magister en Literatura Iberoamericana (2012). En poesía ha publicado los libros *Figuras Cromañonas* (2007) y *Esquina de la mesa hechizada* (2015), poemario con el que resultó ganador de la I Bienal Nacional de Literatura Rafael Zárraga en Venezuela. Su obra aparece en diversas antologías entre las cuales destacan: *Amanecieron de bala* (2007); *70 poetas venezolanos, en apoyo a los países árabes en guerra* (2006); *Antología del 4to y 5to festival mundial de poesía* (2007); *Doce orugas al viento* (2008); entre otros. Poemas suyos están publicados en diversas revistas electrónicas e impresas. Actualmente es director de la Revista de Cultura Semiótica *El Signo inVisible*, de la Federación Latinoamericana de Semiótica. Director Editorial de *Ablucionistas*. Reside en Puebla, México.

El otro patio

Las amapolas flotan por el cuello de la enfermera,
ella intenta quitarlas de su camino, y en el firmamento
también salen unos pájaros que la saludan
junto a los tigres y los jaguares que la persiguieron desde niña.

Ella mira pasar a un médico.
Le hace señas para que toque el jaguar,
que desde ayer está esperando que le den un trozo de carne.
El médico se da cuenta que los alimenta
con lo que puede sacar del crematorio.

Flotan en el patio del hospital
semillas de café y una bacteria mínima
que sale de un murciélago y se pega al cuello
del médico como si fuera un vampiro,
él no se da cuenta y no logra matar a la bacteria
que ahora se mete en su garganta.

A los veinte días, el médico pasa a ser estadística
de un cuento impersonal,
que narra la voz oficial del Ministerio de Salud
sobre las consecuencias y los índices
de mortalidad de la pandemia.

La enfermera sabía que los felinos le daban vida,
se entretenía con burbujas de jabón que salían de su mano,
las soplaba para que los gatos saltaran a reventarlas
en aquel patio de duro sol,
que quemaba a las matas
y a una pareja de pajaritos recién nacido.

En las semanas siguientes los animales se fueron juntando
para que la enfermera les diera agua y comida.
Detrás del hospital,
que ahora parecía un zoológico,
el tiempo se marcaba con cada gota de agua
que chorreaba del grifo de la cocina,
mientras avisaba
cuando alguien moría y otro nacía.

Odalis Pérez

Edgar E. Ramírez Mella

(Puerto Rico)

Estudió Literatura Comparada en la Universidad De Puerto Rico, Mayagüez y Río Piedras respectivamente. Es pintor y poeta. Sus textos aparecen en diversas antologías poéticas, nacionales e internacionales. Tiene seis libros de poesía publicados: *Estación de lirio*, que contiene a *Máquina Emotiva* en el mismo volumen (2006); *Marginalia* (2006); *Púrpura* (2014); *Jardín en ascuas* (2017) y *Bitácora de nieblas* (2020).

Seis estancias de la peste
(Bitácora Breve. Covid19)

I   (14 de marzo 2020) **Víspera Del Estado De Queda**

Estoy como la canción de Mima: Oigo voces.
El de al lado musita quedo:
Si vuelo es que huelo.
Mientras en el bar hacemos cuarentena
Alcohol por dentro y por afuera,
Tímidamente se menciona la epidemia…
Mañana la vida será otra: seremos anacoretas.
La tersa tarde acerca todo el mal tal vez mar.
La música taladra mis oídos… no es Mozart,
Es bachata y claro todos bailan y gritan.
Mientras yo acuso y doy fe:
Sobrevive ingenua la alegría.

II   (18 de marzo 2020) **Ultimátum.**

Esto es un rudo ultimátum.
A pesar de la pandemia y sus difuntos
El corazón humano es ciego y duro
Y la máquina antropófaga del capital necesita comer.
Que nuestro valor y no la insensatez
Estremezca a la muerte.
La realidad que uno conoce
Depende del canal de tv
Que estemos viendo,
Será sujeta a la vista
Y orientación de la ventana
Por donde asomamos la mirada
Y al giro caprichoso de las nieblas.
Cuando el hombre despertó
La plaga asolaba alrededor.

III   (30 de marzo 2020) **El Riesgo Acecha Hoy En El Supermercado**

Oh what peaches and what penumbras!
Allen Ginsberg

De todo esto qué saca un poeta.
Repetir, la naturaleza se defiende
Cuando somos insaciables
Y ponemos en riesgo la existencia.
¡Dadme por caridad miel de caña!
¡Denme melao de santos para el alma!
Es un riesgo lleno de adrenalina
Hoy en día visitar supermercados,
Quizá el asesino se esconde entre los pepinos
O ande agazapado entre los repollos,
Entre las lechugas y los panzudos tomates:
No, no sonríe García Lorca al lado de las sandías.
¡Oh qué melocotones y qué penumbras!
El invisible ángel de la muerte
Ronda y viaja en el aliento
Del alterado estado de la gente
De las histéricas amas de casa
De los esquizofrénicos ancianos y los zombis oficinistas,
De los locuaces guardias de seguridad
Y las muchachas en flor,
O en el amable acomodador de las estanterías de papel higiénico
O en aquel fornido gañán que acomoda
Nuestra compra con ojos lúbricos;
El microscópico germen enemigo
De seguro ya se ha hecho fuerte en los frigoríficos
Y aceche desde las neveras de los jugos y los lácteos,
Serpentea esquivo entre los yogures, los huevos y la mantequilla,
Se regodee siniestro entre los quesos manchegos, los feta y los chorizos,
Nos acecha tal vez entre las latas de habichuelas y los espárragos,
Nos hace guiños desde las tartas de manzana
Y lanza su anzuelo mortal en la sección de mermeladas y frutos secos,
Posiblemente esa cajera que nos apura
Sea su cómplice más fiel; detrás del tapabocas quizá sonríe.

Verdaderamente, harta angustia y paranoia rondan
Todos estos días de pandemia
Mientras hacemos la compra en el supermercado,
Donde Ginsberg en su horario nocturno
Alguna vez imaginara a Whitman
Preguntando a un tal Mauricio por las chuletas y los solomillos,
Fleteando al trigueño de las góndolas
Inquiriéndole por el precio de los plátanos.
Y para más inri descubrir
Que el ministerio de salud anda escaso de recursos,
No hay mascarillas ni guantes que aguanten,
Los pipís (*personal protective equipment*) no dan abasto,
Y aquí estamos marchitos
A puerta cerrada deshojando las horas
Y deletreando los muertos,
El mundo se detiene frente a tanta desolación.
Infinitos vectores nos trasponen con sus acechos invisibles.
El sistema hospitalario fue privatizado
Y los seguros médicos son criminalmente onerosos,
Mientras los que nos gobiernan no sirven de mucho
Como pescadores sin alma andan en revueltas aguas
Y en sus pesquisas infames con la mafia de las farmacéuticas,
Mediocres escatiman la luz de los hospitales
Y sustentan el aliento asesino de Wall Street.
Que el miedo no nos paralice.
Uno camina hacia la muerte su propio y privado destino.
Pausa para el amor entonces
Ya que vuelve de la nada y de la muerte...
Con cuidado e higiene ayudamos al prójimo.
¡Rester vivant! Mirad alrededor y sopesar
En nuestras manos, más que nunca, baila el futuro.

IV   (3 de abril 2020) **Distancias Salubres**

Aquí en soledad
A la que estoy acostumbrado.
Como quiera el mundo está cerrado,
Para consuelo tengo buena música de fondo y orto,
Algo de vodka, cervecitas frías, infectos cigarrillos

Y de tanto en tanto un ramalazo de neblina.
Mientras tanto con prudente distancia
Aparece… por el umbral, —salubre instante—
Su figura y sus ojos de espejismo.
Más azules que el cielo son los ojos,
De aquel noble e inquieto… amoroso caballero.

V   (10 de abril 2020) *Extrange Days*

La incertidumbre de esta plaga
—No saber por dónde vienen los tiros—
Mientras nos saquean
Los trúhanes de siempre,
Se escurren las lánguidas horas
Contando los muertos,
En nuestro encierro enclaustrados
Cosiendo la pasión de sus historias,
Cantando los adagios de la memoria,
Los arpegios de cada agonía estertórea
Del suplicio de las últimas noticias,
¿Qué de las gentes
Que no tienen un techo? —Solitarios corazones sin cobijo—
¿Y de nuestra cómoda
Desidia y desánimo?
Los vientos violáceamente obscuros
Del cerrado futuro soplan fuerte
En esta primavera, un nuevo comienzo
Al compás de los latidos insistentes,
Pausados pero ciertos e interminables
De esa crónica entrecortada, balbuceante,
En lucha contra los virus mutantes
De estos días terrestres,
Demasiado humanos, terribles y extraños.

VI   (17 de abril 2020) **Necesaria Tregua**

En este momento de global amenaza,
Normal sería bajar las espadas,
Una causa mayor nos obliga.

No lo hacemos, veo entonces
Y pienso que todo va perdido.
Las tontas y pequeñas batallas
Nos ciegan en mediocres rencillas,
Cuando se necesita una respuesta unida
Contra esta fantasmal amenaza.
Hay que estar unidos y solidarios
Como hambrienta, adaptable y conflictiva especie,
Aún no nos entra en la cabeza que extinguidos
Ya no tendremos con quién querellar,
Ni a quién explotar ni a quién abusar.
Un poquito de juicio y picardía siquiera os recomiendo,
De insidia absoluta e interesada hipocresía ¡por favor!
Para después, que esta viral justicia poética suceda,
Pase su fúnebre cortejo, si queréis… volver a la chapuza
Volver a jodernos la existencia y acabar con la Tierra.

Aguada, Puerto Rico (2020)

ÁNGELES RIVAS

(Argentina)

Profesora de Lengua y Literatura española, Profesora de Educación Primaria, postítulo docente de Coordinación Pedagógica de Ciclo para EGB. Imparte e impartió clases en escuelas secundarias, en el Instituto de Formación Docente y en la Universidad Nacional del Comahue en la ciudad de San Carlos de Bariloche, Argentina. Es autora del poemario *Mujer de viento* y coautora de *Mujeres al Sur*. Algunos de sus poemas y relatos se han publicado en antologías y en blogs. Ha recibido premios literarios nacionales e internacionales en poesía, narrativa y microrelato. Es promotora cultural del género poesía en el programa radial *Imágenes Sensoriales*. Promueve en particular la propagación de la poesía escrita por mujeres contemporáneas. Es declamadora, narradora oral y locutora de audio libros literarios.

Después de esto

Cuando la pandemia no debilite a los pueblos,
cuando algún Edipo aún no sometido al peso de su destino,
siendo hombre libre
nos haya reconstruido oprimiendo con imaginación a la bestia,
cuando la jaula haya sido abierta
y los barrotes se derritan como peñascos de hielo en la montaña primaveral,
cuando me atreva a sacar la cabeza del agujero de la soledad,
cuando por fin vuelva a ser seguro abrazar a mi madre,
¿qué será de mí?

¿Seré yo quien describa el tiempo de este tiempo?
¿o lo que dirán de mí los homenajes póstumos será de la historia
el relato doméstico que ya nadie escuche?
Antes de esto, me gustaría poder dejar escrito
el texto de mi epitafio para no obligar a mis hijos
a ordenar sílabas (nunca fueron entusiastas de los poemas breves)
a ellos, la música, las bicicletas aladas y el pan con queso.

¿Cuántos talladores de piedra habrá el primer día de libertad
para que puedan escribir sobre la caliza verde el epílogo para la muerte?
¿Habrá suficientes funebreros?,
¿flores blancas, narcisos, nardos para decorar mi sepultura?
¿Habré descubierto en mis últimos días enmascarados, aquí también
como en la Gran Manzana del mundo,
la multiplicación de tumbas entre toboganes que ya no deslizan mentiras
y hamacas que el viento infante no pudo usar durante meses?
¿Serán las fosas la última imagen que guarden mis retinas
hastiadas del silencio que impuso el COVID-19?

Cuando los ciudadanos de esta Tebas posmoderna
hayan comprendido el sentido del aislamiento,
¿habrá sido a tiempo para que la ciudad de los Césares
no se haya hundido en el pozo oscuro de la asfixia,
en el lago celeste de las perfidias?

¿Estaremos ese día de jolgorio todas las ninfas
que reíamos en el grupo de WhatsApp?
Cuando nos atrevamos a salir desprevenidos,
¿vivirán entonces nuestros parientes, nuestros amigos,
nuestros compañeros de trabajo, los viajeros del tren,
los vecinos de al lado, los nietos adormecidos,
las cuñadas cristianas sospechadas de contagiar el virus
a su etnia en una lágrima viuda?
Los que hayan resistido ¿vociferarán al unísono: ¡vencimos!?
La victoria pírrica ¿será la razón de haber ganado la calle
como el indigente la posee?
Entonces, osados, enajenados, vivos
¿correrán hacia el pordiosero
y abrazarán sus orines,
y se perfumarán el cuello con sus harapos,
y sonreirán sin dientes al sol que habrá perdonado una vez más?

Después de esto ¿saldrán airosas de sus memorias todas las hembras
cantando a la libertad a continuación del llanto del cautiverio?
Durante la cuarentena monótona, densa, pusilánime
¿habrán podido las mujeres tontas,
dormir tranquilas todas las noches de aislamiento
habiendo oído el teléfono que de madrugada insistía en jugar con ellas
a la parodia de hacer el amor en la voz del amante
narrador del latido de sangre y de semen
que le urgía donar desde la vasija del impulso animal y egoísta?

Durante los días de encierro ¿las Yocastas inteligentes,
acaso se atrevieron antes del beso a acostarse
sin haberle rociado el cuerpo al marido
que regresaba de un empleo falso al nido desinfectado?
¿Cuál ceguera será la que quite las vendas a las falsedades íntimas
mientras la vida humana ahorca antiguos hábitos para siempre?

El distanciamiento social liberó presos,
alejó sonrisas, creó perplejidad, modificó, usurpó.
Se hizo Ley, se hizo juez, calamidad.
Tirano, encarceló la consumación del deseo indecoroso.
Así, el vigésimo noveno día de quietud citadina

fueron presos los novios que se amaban en el vehículo aparcado en la playa,
los tigres reliquias que aullaban su celo en balcones de salas de chat,
y, para cuidar la imagen de la justicia,
también fue apartado un policía cuyo análisis químico
no dio positivo después de haberse besado con el comisario
que recién volvía de veranear en Miami Beach.

Después de esto,
cuando las respuestas nos hayan sido expuestas
y tenga salud para comprenderlas,
cuando la vacuna me haya sido inyectada a pesar de no ser yo una rata,
cuando abramos todas las puertas,
cuando nos hayamos quitado las máscaras del espanto
para caminar a cara limpia sin ungirnos con lluvia de alcohol al 70/30,
cuando queden al desnudo nuestras almas, ¿a quién temeré?
¿a quién tenderá mi mano las preguntas sobre esta ciudad desbastada,
si Edipo ya ha cumplido su destino?
¿Qué será de mí?
Cuando las razones se abran para que podamos avanzar hacia el regreso,
¿quedará en pie alguna musa que pueda inspirarme palabra?
¿quedará una sombra de mí que aún desee escribir?

Corona de otoño

Tal vez en este otoño de gripe furibunda
se cumpla mi deseo:
morir en un tiempo
de baile de máscaras rojas
de ocres en rostros envejecidos
de verdes olvidados del poeta.

Tal vez con mi defunción en tiempos de corona virus
logre romper los velorios negros y sus rituales muertos
sepa cubrir el recuerdo de mi cuerpo
con el despojo de selvas desangradas,
revestir mi vergüenza mortuoria
con los interrogantes de una mariposa descolorida,
avanzar cargando mi ataúd sobre mis hombros desnudos.
Tal vez con mis manos frías pueda hacer vibrar
las cuerdas de un beso que no supo amar,
con mi codo sepa dar vuelta la página de tristeza y
hacer reír a las rodillas que no soportarán más el dolor de la oblicuidad.

Tal vez con mis pies agotados de recorrer
miles de tizas sobre miles de pizarrones
que no supieron nada de mí
consiga, el día de mi muerte,
caminar par a par con mi nombre hasta el sepulcro.
Tal vez, el destierro en cuarentena haya sido abundante maestro
para hacer andar el sueño eterno
paso a paso,
y pausa a pausa sepa marcharme,
pisotear mi yo, hundir mi ello, ahogar mi súper yo
y ausente, libre de mí,
recuerde cómo danzar al ritmo de mis uñas que sobre hojas caídas
violinan el adagio de Albinoni.

Siempre quise morir en otoño para reír al escuchar
la hojarasca de despedidas dolientes declaradas
como vanas dedicatorias en poemarios
que no versificaron al amor,
ni a los finales,
ni a la fe.

No temo al desierto póstumo si su antesala
es la lluvia de un fallecimiento otoñal.
Aprendí de las hojas del manzano, del guindo, del ciruelo
a caer en el hueco de la tierra
a transformarme en humus, en alma, en ciclo que se renueva.

En esta cuarentena analfabeta de caricias, sorda y ciega de palabra,
como la niña salesiana prevenida del mal que el otro contagia
he jugado nuevamente a hablar conmigo delante de los espejos
he aprendido a tranquilizar mi conciencia de hembra escondiéndome de mí
huyendo por detrás de los cristales donde recito orillas de ciclos
he sabido cómo, sobre el barbijo obligatorio,
maquillar con bermellones y amatistas figurativos
una sonrisa sensual y perenne.

Ahora, en este día de grises desplomándose como torrente celestial,
yo frente a mí,
en el silencio de un gemido,
sé que he vivido suficiente,

que he sido hoja de parra, adversa aguja de pino,
follaje de notros, ramaje caduco,
átomo, semilla, gen,
misterio.

El color, antesala del invierno,
demora su pátina en un duelo de luces oblicuas y dulzuras de picaflores
que liban aleteos.
La naturaleza esboza el mejor panteón para iniciar la ausencia.

PASCUA EN CUARENTENA

Poeta, a ver si logramos hacer resucitar la palabra.
No creo que el Dios nuestro pueda levantarse esta vez de entre los muertos.
Todavía me avergüenza decirlo,
no debería blasfemar en este día.
El cartel preventivo se hamaca en la memoria del miedo.
Lo coloqué en la puerta de entrada de la posmodernidad pandémica
para que el virus también se aleje de la creencia de su propio dominio.
Hoy no escondí chocolates ovales entre las frambuesas
que brotan sus últimos rojos,
ni disfracé mi osamenta de un conejo burlón o siniestro
para convencer a mis vástagos inocentes
que debíamos invocar a la protección divina
en un Padrenuestro oxidado y falto de cariño.
(La cuota alimentaria siempre la cubrí en solitario).
En este Domingo de Resurrección que renazca la palabra
que abunde y corra un glosario nuevo para la humanidad
asombrada de su propia herida
inconsciente de su hipocresía
dominada por su maldad.
Logremos, con la fe en Kavafis,
transformar los muros en alcantarillas dialogadas
transmutar al hombre más allá de algún dios.

Todos los virus

Wilson Abreu

ALBERTO ROBLEST
(México)

Artista multimedia, escritor, profesor y cofundador de la organización Hola Cultura en Washington DC. Como profesor universitario ha enseñado en las universidades: George Washington University, Catholic University of America; Emerson College, Massachusetts Bay Community College y Fisher Coller, entre otras universidades en los Estados Unidos, así como en la Universidad Nacional Autónoma de México (UNAM). Autor de la novela *Collar de Orejas*; de los libros de cuentos *Instantáneas Norteamericanas y Detrás del Muro la Muralla* (de próxima aparición en la Editorial Arte Público Press), así como de cuatro libros de poesía: *Entre los Signos el Diminutivo, Ortografía para Piromaníacos, Del Silencio en las Ciudades y Chicaneando*. Así como de las plaquetas: Las Andanzas del Huy Huy Huy y el Chichicaxtle con su Ñero, y El Futuro y los Anillos. Como artista digital es autor de las compilaciones de video: La muerte de lo Analógico y El Arte de Existir que reúnen algo como 50 videos de arte. Sus video-poemas han sido expuestos en diferentes museos, galerías y festivales de México, Los Estados Unidos y Europa. www.torrevisual.com

LO DISTÓPICO DEL REAL ITY SHOW

Esta es una disfuncional y distópica visión de la realidad y resulta que yo vivo dentro. El hombre que nos gobierna es un criminal comprobado, un artista de la transa, la especulación y el intercambio propio de los bajos fondos. Se dice billonario pero apenas llega a rico. Es un caso único en la historia de la política; tribuna de sátrapas, mentirosos y *verborreícos* tipos maestros en la oratoria, la retórica y la escena. No conforme con ser un patán, es un racista que sencillamente quiere esclavizar a todos los latinos, no sólo «ilegales», con decirles que les acaba de bajar el sueldo a todos los agricultores del programa paisano, ya de por sí explotados. A los mexicanos que trabajan en sus hoteles y propiedades se les trata con la punta del pie, pues él tiene la certeza de que todos los que hablan español no son sino animales. Aunque cuando habla con las mujeres no para de verles el sexo y medirle los senos con los ojos. Además de aparatoso y efectista, es un sádico que hace sufrir sistemáticamente a sus ciudadanos y lo peor de todo un cínico mentiroso en la cima de su *reality show*. Todos los políticos son unos payasos a los que les gusta el dinero, pero a este hombre de mentalidad retrógrada, aterrizado de los 50s, se ha brincado la barda en cuanto a cinismo, deshonestidad, decoro y respeto. En algún punto de la historia, supongo, aunque a lo mejor me equivoco, la política debió regirse por la ética. A este personaje le vale, se la pasa por el arco del triunfo, y mientras juega golf en campos donde alguna vez hubo bosques —arrasados para meter los 18 hoyos—, dice estupideces y enaltece la miseria humana.

Además, apuestas por el sufrimiento, la opresión y la pobreza. De acuerdo a un diccionario en línea, la literatura distópica recrea un mundo indeseable, sucio, donde gobierna un déspota y los individuos son constantemente vigilados; una realidad donde impera el caos, la falta de ley, de verdad y de justicia. Esto, el hoy, es literatura sin duda. Encima de eso: el cambio climático, y para cerrar el cuadro, un virus. Dicen que la realidad supera a la ficción y sin duda ahora lo creo. El caso, es que voy justamente dentro de uno de los trenes que corren dentro de esta realidad, o cuento que se escribe hacia un destino indeterminado, y aunque todavía no llegamos al caos, el cielo ha comenzado a llenarse de nubarrones.

Con todo y eso, hace unos días, completamente harto del encierro de la cuarentena en mi departamento de una recámara en Columbia Heights, me fui en bicicleta hasta el *National Mall*. Concentrado en mi pedaleo tomé la ciclo pista de la 15th para llegar al centro. De pronto en un momento cuando llegué a *Pennsylvania Avenue* a la altura de la plaza *Freedom*, me di cuenta de que no había nadie, era la única persona en todo aquel espacio.

¿Me explico? Como si estuviera soñando. Nadie. Entonces sentí una gran opresión, quizá por la sensación de todo aquel vacío, la falta de gente. Giré la vista de un lado a otro regocijándome de aquel momento a todas luces de ficción, *¿qué no?* Los semáforos funcionando, pero los edificios gubernamentales tan vacíos como las calles, las plazas, las bancas del parque sin nadie, los negocios cerrados, las luces de las oficinas apagadas, la avenida sin autos, el sitio de taxis vacío, ni un otro ciclista, ni peatón. Sólo yo en la soledad más absoluta. Era quizá el único ser humano en aquel lugar, no pude evitar un escalofrió al reconocer la irrealidad en la realidad. El cielo plomizo, completamente espeso, como si tuviera una capa de pintura gris; algo como el mal augurio de las novelas de anticipación. Por si fuera poco: el silencio. Acostumbrado al ruido y al escándalo de nuestra vida cotidiana, aquella carencia de sonido me produjo temor. La fricción de la llanta sobre el asfalto era lo único en mis oídos y el palpitar de mi corazón también. No muy lejos la plaza de los Archivos Navales. Imaginé la Galería Nacional de Arte completamente despoblada, entonces me pregunté: *¿Qué sentido tenía todo aquel arte y aquella arquitectura sin individuos?* Me acercaba a la Plaza Indiana con sus árboles llenos de flores rosas, al fondo el Capitolio, donde estaban reunidos, supuestamente, los senadores para arreglar el problema, según ellos muy machos peleándose contra el coronavirus; queriendo pasar a la historia, dándose golpes de pecho frente a sus votantes… haciendo plata más bien, saliendo en la tele y compartiendo cartel en las redes sociales con famosos del entretenimiento. En el simbólico libro «Ensayo sobre la ceguera» de maestro portugués José Saramago, uno de los personajes le dice al otro al reconocer la existencia y las dimensiones de la pandemia que produce la ceguera blanca: «…*que frágil es la vida si la abandonan*». Por alguna ingenua razón, creí que cosas como una pandemia de proporciones como la del coronavirus, solamente pasaban en la literatura y las películas.

Aunque lo cierto es que estamos justamente en *la anormalidad* de las obras de ficción, donde cualquier cosa puede pasar y todo es frágil. Cuidado.

Alguna vez pensé erróneamente que sola en la literatura se daban cosas inquietantes y estremecedoras. Resultó que quien esto escribe, se convirtió en el personaje en bicicleta de una ciudad imaginada en la que no había nadie, ni un alma, en ningún lado. Dueño de la ciudad, regresé a casa a un ritmo más bien lento, como un protagonista novelesco que atravesara un escenario rumbo al siguiente capítulo; tan en silencio como el que más, con una máscara para filtrar el aire de una realidad contaminada.

Washington DC, 2 de abril de 2020.

ANA ISABEL SAILLANT VALERIO
(República Dominicana)

Realizó una licenciatura en Educación Elemental y una Maestría en el área de Educación Bilingüe en The City College of New York. Acaba de recibir su grado Doctoral en el área de Educación en la Universidad Baja California, Tepic Nayarit, México. Es la autora de los poemarios, *Del Sentir y Del Ser* (2010), *Despierten Las aves* (2012), *Murmullo en la Piel* (2016). Ha participado en diversas antologías poéticas y en *The Américas Poetry Festival of New York*, (2014). Es miembro de la organización «Solo Para Locos». Es actual tesorera de la primera Asociación de Escritores Dominicanos en los Estados Unidos, ASEDEU.

Confinamiento

Desde este confinamiento ineludible el orden de lo imaginable se ha esfumado.

Mi sentir se desvanece por la angustia e incertidumbre.

El sonido constante de máquinas blancas con rojas cruces anunciando el sinónimo de la desesperanza.

El afán del día se torna en distancia.

Los seres azules lloran por los corredores escarbando en las entrañas del saber cómo ganar una batalla.

Por las calles deambulan rostros escondidos donde la distancia es el saludo.

Ya nadie sabe nada de los demás.

El conmovedor silencio del viento hace eco de una despedida virtual, cuál ausente es el occiso en espera de una celebración de memorias que nos hace llorar y a veces reír.

Guardo mi confinamiento dentro de mi tiempo en espera que el pentagrama cambie sus notas de tristeza por los aplausos de las hojas al soplo del viento.

Silueta de ocaso

La Noche tiene color a soledad, se ha marchado la silueta del ocaso.
Los paisajes del día se han escondido, solo quedan rostros opacos.
Los sueños apenas contienen imágenes.
Una mirada lánguida se extiende a lo largo de un triste recuerdo.
La noche ha perdido el olor de las azucenas, el corazón ya no palpita al sentir la puerta.
Los pasos se acortan con el tiempo y los pies sienten temor de continuar.
No hay caras azules ni rosadas, las entrañas del viento se niegan a despertar.
El sigilo del invierno clama por tibieza, la premura en el quehacer se hace indiferente.
No hay escrutinio por alcanzar, todo es igual, todo huele a lo mismo.
Todo será siempre una silueta de ocaso.

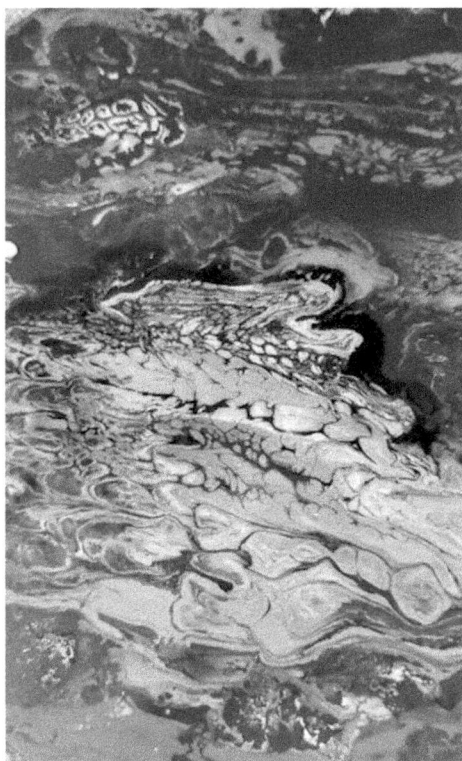

Monstruoso Confinamiento

Ivonne Sánchez Barea

NIMBE SALCEDO ROCK
(México)

Poeta, ceramista y escultora. Titulada en Comunicación por la Universidad Iberoamericana y obtuvo un Diplomado en Poesía mexicana contemporánea escrita por mujeres, otorgado por la Secretaría de Cultura y el Instituto Nacional de Bellas Artes y Literatura (INBAL). Cursó el Taller de Poesía del Centro de Experimentación Literaria. Sus textos figuran en diferentes antologías, entre ellas, *Intención de lo inevitable, ARCS Expressive Narrative Prose Poetry Magazine y Lectura en voz alta, poesía urbana e itinerante 2019.* Actualmente miembro de Poetas sin Frontera.

SOLA UN VEINTEVEINTE

Desde el tiempo de mi niñez,
no he sido como otros eran,
no he visto como veían,
no pude sacar mis pasiones
desde una común primavera
Edgar Allan Poe

Floto dentro de una burbuja
en mi confinamiento,
un encierro en el encierro,
no estoy segura si estoy dentro, o
yo misma construí ese muro.
Soy una pompa de jabón,
que ve desde su mirilla,
voyerista observando,
un solo árbol que me habla,
en diálogo con los grillos inexistentes,
que me arrullan y duermen,
trino de soledad inacabada,
que me pierde en la somnolencia,
caen mis párpados y sin pedir permiso,
brota humedad salada sin pudor,
voluntad y sin tiempo.
Encubierta salgo, camino, tomo café,
charlo y brindo con ese tinto,
que me pinta de bermejo,
así me presento
con mascarilla y careta,
una por fuera que cubre las de abajo,
las profundas, las añejas.
Los demás sólo ven mis ojos,
aunque yo no quiera,
tienen su propio código
que descifran fácil,

como un niño que se esconde
detrás del ropero.

Me hundo en mi vientre,
a veces en mi corazón blanco,

teñido de rojo,
otras veces uso mis entrañas,
opacas color negro,
la oscuridad está afuera,
pero también

hay gris silencio, sin diálogo interno.

Colocar las letras,
formar palabras,
escribir es un rompecabezas sin piezas,
están revueltas,
otras dislocadas.
mis ojos bruma,
mis ojos agua,
mis ojos gatos amarillos,
se cierran para no sentir la realidad

que me rebasa.
Mi cerebro pareciera exprimido, enjuto,
una masa cascada por el tiempo,
donde no hay logística,
sólo un desorden imperfecto.
Trato de entender qué es eso de

ansiedad, pánico, excesos, miedos
soledad, medicinas, delirios,

que me recuerdan a los malditos,
Bukowski, Baudelaire, Corbiere
o Mallarmé.
los otros me ven raro, igual que a ellos,

malditos y benditos, todos los poetas
nadie entiende,
solo los mismos que viven este infierno

depresión, maldita igual que ellos
los malditos…

Me cubre la burbuja,
esa esfera de círculos concéntricos,
que rueda y da vuelta,
en mi barroco cerebro,
transparente volátil,

        floto, boto y reboto
        con terror de que algún día reviente,
        explote,
me convierta en luces de bengala,
fosforescencia iluminada,
un borroso recuerdo

        o de una vez por todas
        salga de mi doble encierro
        en este encierro del encierro.

        México, mayo de 2020.

Ivonne Sánchez Barea
(España/Colombia/EE.UU)

Neoyorquina de origen español y colombiano. Presidió La Academia Norteamericana de Literatura Moderna Internacional, ANLMI (2016-2020). Representa en Europa y España, organizaciones internacionales en áreas de la Cultura, la Literatura y el Medio Ambiente. En España es miembro de Comités Científicos, Asociaciones y Movimientos Culturales. Conferencista en Hispanoamérica y España. Sus poemas han sido traducidos a varios idiomas. Premiada y finalista de diversos certámenes. Veintitrés libros de poemas y un centenar de antologías colectivas. Tiene publicados artículos y ensayos en revistas culturales, literarias y científicas.

Duelos

Duelos
tendidos
asfixian
cuerpos.

Tendidos
sobre hielo;
sin adiós,
ni orbe,
ni lápida.

Un clamor
llora
estrellas,
silencios,
en gargantas.

Espero
el mar
en ojos
de otra
historia
nueva.

Certificada
mi muerte
en corona,
sin sangres
de recuerdo.

¿A quién
darán mis
cenizas?

Mis hijos
viven lejos
confinados.

Y no tengo
nietos.

Mi fugaz
paso
fue danza
de vida.

Marzo de 2020

La muerte sola

Llegó la muerte sola
invadiendo rincones
silencios abrumados
se esconden entre balcones.

Llegó su negra nube
sin adioses, ni hasta prontos,
en solitaria procesión
en filas de ataúdes.

Quedamos huecos
sin el último beso
sin el sentido abrazo.

En una mañana incierta
sin comprender por qué
llegó la muerte sola.

CIMBRAN LATIDOS

Ésta pequeña presencia efímera,
primer rayo de luz en ola rota,
gota de rocío o susurro de hojas.

Precisa, directa y veraz
un profundo mirar,
ve en el otro
ese horizonte olvidado.

Percibe aleteos de aires
en voces del silencio;
y dicen aún más
que todos los libros del mundo.

Mundo, mundo de augurios,
de adioses sin despedidas,
persiguiendo quimeras
de sueños amorosos.

Cimbra en lejanía de latidos
asombran tanto los realces personales…
no comprende ese afán de verse,
de ser reflejo en pantallas,
de realzar los egos en las redes.

Quiere hacerse minúscula,
aún más pequeña,
ante el duelo y luto.

CONGOJA SALVAJE

Queda
el pálpito forjado,
re silencia troquelada,
péndulo emergente,
voz del silencio,
roto entre palmas
y canto del balcón.

Una congoja
susurra,
un tica tac,
de sombras,
agujeros nutridos
de horas quietas.

Salvaje,
se pegó al aire,
al camino
de los pasos,
a la sangre
en el ahogo,
y al siglo
ese invisible asesino.

Tres Haikus

Sin más palabras
en esa incertidumbre
que se hunde el tiempo.

Sin los abrazos
duelos de esos adioses
besos debidos.

En aires libres
en sombras de las muertes,
ahogan voces.

marzo/abril 2020

Almas sin adiós,

Ivonne Sánchez Barea

YRENE SANTOS
(República Dominicana/EE.UU)

Madre, maestra, hermana, amiga y actriz. Estudió Educación y Literatura Hispanoamericana. Entre otros, ha publicado: *Septiembre casi termina* (2016), *Por el asombro* (2015), *Me sorprendió geométrica* (poemas reunidos, 2013), *Después de la lluvia* (2009), *Por si alguien llega* (2009), *El incansable juego* (2002), *Reencuentro* (1997) y *Desnudez del silencio* (1988). Co-autora de: *Desde la Diápora: Cuentos y poemas de niños y niñas dominicanas* (2005). Organizadora de *The Americas Poetry Festival of New York* (TAPFNY) junto a Carlos Aguasaco y Carlos Velásquez Torres. Es Secretaria General de la Asociación de Escritores Dominicanos en los Estados Unidos (ASEDEU). Profesora de Español en The City University of New York y St. John's University.

Y ya nada será como antes

El silencio es agudo en esta recién nacida primavera
acuchillada por el aire de unas semanas nunca imaginadas
por la humanidad de un siglo.
En la cocina, las amigas inventan recetas con lo que queda en sus
refrigeradores y despensas,
con sus bocas cerradas, conversan sobre los ingredientes que se deben
usar para descubrir nuevos sabores.
Cada una experimenta un nuevo silencio,
y el silencio mismo se escucha, llora y se atemoriza.
Y yo, en la quietud de mi casa y en el silencio mío, me visitan los que se
han mudado,
la niña que fui y los que crecieron conmigo.
Hacemos un recuento de aquel entonces y caemos en cuenta
de que la palabra virus no existía en nuestras conversaciones.
Ahora, en la cocina, me ayudan a sazonar, no solo el almuerzo que he
ido creando,
sino a ver también, esta nueva realidad que llora intermitentemente
porque llegó con nombre y apellido y ya nada será como antes.

NY, abril de 2020

CARTA A JOSÉ

No llegarás José a nuestra cita anual de Viernes Santo
No llegarás, con ese vino en mano que beberíamos después,
sin ti, pero contigo en cada sorbo.
No llegarás José, caminando como siempre: lento, sosegado
equilibrado con toda la poesía que cargabas en tu cabeza y tu corazón.
No abriste la pequeña puerta para entrar, adonde te esperaban los
abrazos y tanto cariño.
El mundo que habitaste, hoy vive un viacrucis muy distinto a ese que
por años caminaste con nosotros, para acompañar a Jesús por estas cuadras.
La pasión de Cristo se anda hoy en los hospitales, en las casas,
en pequeñísimos espacios
donde no se puede cumplir con el requisito de estar a seis pies de distancia.
Y en esta prueba de amor y solidaridad, están pegadas a mí,
las imágenes de las familias que fueron separadas
por quienes dirigen esta nación, y la necesidad de otras en el mundo.
Para ellas, no habrá hoy una cuarta estación que los reúna,
permitiéndoles un abrazo infinito.
La cuarta estación, José, con la que nos emocionábamos tanto,
no se detendrá en frente de esas casas, donde y desde sus ventanas
o balcones, familias y vecinos tomaban fotos o hacían videos
sin importarles la religión que profesaran.
José, la madre y su hijo no se encontrarán hoy en esas calles. Se juntarán
en los recuerdos que fuimos construyendo a lo largo de los años,
porque existe hoy, una prisión mandatoria en esta nueva humanidad.
En este presente insospechado, debemos imaginar los abrazos,
decírnoslos, escribirlos y enviarlos a través de la invención avanzada
y aprendida a la fuerza, en muchos casos.
Este Viernes Santo es distinto, José. La cruz la llevan miles,
y la tristeza de no estar ahí para ayudar con el dolor
es una herida fina e interminable.
Hoy, el silencio que hago tiene otras formas, miradas, palpitaciones.
El que practico hoy es diferente, quizás más consciente, tal vez lo contrario.
Desde la oscuridad de mi lecho cultural
(como lo nombró el Góngora de este siglo)

tiene una geometría con trazos que no aprendimos en las escuelas,
ni en las universidades, ni en nuestra cotidianidad.
En este silencio de hoy José, existen huecos indescifrables,
preguntas sin respuestas o con algunas que no se desean escuchar.
De cualquier manera, hoy es Viernes Santo.
Afuera, el silencio tiene otro sonido y ese sonido se conjuga aquí
adentro con las fotos, de esos que como tú, hoy viven en otra
dimensión, vigilantes, amándonos más que nunca.
El silencio de hoy, lo empecé en mi cama, escuchando la noche que se
cuela por el pequeño espacio de libertad que le dejo en las ventanas.
Es desigual a los años que llevo de vida y que mis padres ni los tuyos,
ni los de nadie vieron en este siglo. Es una prueba de paciencia, una
oportunidad para afianzar la fe, para aprender todo lo que no se ha podido,
o todo lo que nos hemos negado. A este silencio, José, solo lo ha
visitado Jesús, su pasión hacia el Gólgota, y sus catorce estaciones.
Ay José, hoy no llegaste. No abriste la puerta, no trajiste el vino,
no nos diste tu abrazo,
pero estás aquí, en este hogar, adentro de tantos.
Tu fe en el amor era inmortal, por eso cada vez que puedo,
comparto ese poema tuyo, donde expresabas
el concepto que tenías y defendías sobre esa palabra inmensa:

«He dicho que el amor es una fuerza que mueve tempestades y
hace temblar la tierra...»

«No hay nada que se pueda hacer:
el amor es invencible.
Cuando estés debajo de sus alas
tienes que dejarte llevar por él
como un niño de la mano del abuelo
o como un enfermo de los enfermeros...» (como ahora José)
o como un águila por el viento.
Tienes que rendirte a tus caprichos.
Debes echarte a tus pies
y ser su esclavo.
Compréndelo: «es la única forma de volver a ser libre.
la única manera de subir de los escombros y ser eterno».

José Miguel de la Rosa

Nota: José, esta ha sido una Semana Santa muy diferente. Solo tuvimos tiempo de recibir las cenizas, que nos recuerdan que venimos del polvo y que al polvo volveremos. Luego, un par de via crucis los viernes a las siete de la noche, y después, un Domingo de Ramos; de ramos ausentes y entonces, sin saber hasta cuándo, esta pandemia, llamada Coronavirus que impide regalar un abrazo, y una sonrisa esperanzadora a los que despacito se recuperan o, abrazar fuertemente y dar el último adiós, a quienes ella ha vencido.

NY, 10 de abril de 2020

Cuarentena para aprender

Una acción macabra nos ha impedido abrazarnos. Seis pies de distancia es lo que se debía mantener desde el inicio de estos avisos, que han corrompido el aire. Ahora, ensayamos una nueva cotidianidad para encarar estos días que nos sorprenden con una estadística de más incertidumbre, de más luto. Una nueva forma de vivir es la que se aprende en este tiempo, cuando debemos huir de la cercanía de un estornudo o de una tos persistente y seca que nos obliga a llevar agua, y beberla aunque no tengamos sed en medio de una homilía, un salón de clase, o una conversación estropeada, que nos hace olvidar su punto de partida.

Dos semanas ya, acuartelados en el espacio propio, unos practican nuevas caligrafías para llevar las horas. Antes, sólo se conocía la cama, la cocina, el baño. Ahora se descubre la belleza de otros rincones y se aprovecha para darle visibilidad con una planta, un libro, una flor o algún souvenir que alguien trajo de un país lejano para dejarle saber que estuvo en sus pensamientos, a pesar de la distancia, o unos discos compactos que le recuerden la época antes de que fuéramos poseídos por un YouTube dominante, que incita a dejar huecos vacíos en la casa. La palabra cuarentena ya no es nueva en el vocabulario mundial. Su poder se consume día a día, aprovechándola para crear o reinventar otras estaciones, ponerle más atención al silencio, familiarizarse con el lenguaje tecnológico negado a aprenderse por más de una década; o simplemente, no se le daba atención porque se creía más en la conexión de un lápiz o un bolígrafo a la hora de alimentar el papel. La inspiración y la disciplina eran más poderosas a la hora de parir un poema. En este toque de queda, también se han sentido con mayor intensidad, esas tristezas que habitan el corazón.

NY, marzo de 2020

JESÚS SEPÚLVEDA
(Chile)

Doctor en Lenguas Romances y docente de la Universidad de Oregón, es autor de diez libros de poesía y tres de ensayo, incluyendo el manifiesto ecoanarquista *El jardín de las peculiaridades* (2002) y el texto de crítica en inglés *Poets on the Edge* (2016). Su obra poética fue reunida en *Poemas de un bárbaro* en 2013 y su colección *Hotel Marconi* (1998) fue llevada al cine en 2009. Su primer poemario *Lugar de origen* (1987) es un texto emblemático de la generación que se rebeló contra la dictadura chilena en la década del ochenta. Su obra ha sido traducida a doce idiomas. Fue invitado por la Fundación Sylt como escritor en residencia a Sudáfrica en 2016 y a Alemania en 2018. En 2019 el Instituto de Cultura Oregoniana le otorgó el Primer Premio de Poesía en español del estado de Oregón.

La gran insurrección

> La pandemia es una saga que todos quisieran escribir,
> pero quizás los únicos verdaderos narradores
> sean los muertos.

Caro Júlio:

¿Cómo estás, querido? ¿Cómo está Joëlle? Por acá andamos bien y ya recuperados de esa fiebre y tos fastidiosa que nos atrapamos hace más de un mes y que la prensa mediática llama pandemia. Seis días en cama y un dolor de cabeza intensísimo. Pero libramos y ahora estamos recuperados y quizás hasta inmunes. *Inshalláh!*

La gente que se desploma en Wuhan y Guayaquil pareciera estar más afectada por el cambio de las moléculas de oxígeno que produce la tecnología 5G que por el virus coronario. Aunque claro, no tengo modo de probar lo que digo. Algunos creen que es un virus que muta. Otros que la Tierra ha ralentizado todo porque su vibración ha variado y con dicha variación la superficie civilizatoria también ha transmutado. Lo cierto es que estamos siendo testigos de la entronización de la Sociedad Panóptica de Control Digital.

La naturaleza social ha cambiado y con ella la tecnósfera que ha logrado su mayor anti-utopía: incorporeidad, demonizando todo contacto humano. El virus es una proteína inorgánica que transfiere material genético de un organismo a otro. Quizás el contagio sea necesario para sanar. Quizás la cura no sea sino la enfermedad. Pero para ello hay que tener un cuerpo fuerte que pueda resistir los embates de la fiebre y el escalofrío, un cuerpo que pueda resistir el dolor de cabeza y sobreponerse a la inapetencia. Como consuelo, uno sabe que después del quinto día ya ha pasado lo peor. En mi caso, nuestro caso, no fue ligero, pero tampoco mortal. En otros, puede que sí lo sea.

La cuarentena tiene efectos interesantes: detiene la maquinaria productiva, recupera el tiempo de ocio y revaloriza lo esencial, motivando a vivir con mayor introspección. Hay más tiempo para meditar, pensar, cavilar, leer. Pero también hay un descalabro económico que como siempre los desposeídos sufren con mayor dureza. La cuarentena mina la salud social y también mental. A fin de cuentas, hemos sido encapsulados en el mundo bidimensional de las pantallas.

El fascismo global se afila las garras porque ha producido una película mundial que todos ven atónitos, con miedo y sin comprender. Ante el pavor, se ofrece el control de los cuerpos, el cierre de fronteras, la domiciliación forzada. Es un toque de queda mundial y cuasi voluntario.

Mientras, los gobiernos aplican medidas socialdemócratas y paliativas, al tiempo que pasan leyes neoliberales. Paradoja política. O extraña manera de disolver el paradigma derecha-izquierda. Los progresistas demandan más control. Los conservadores callan y luego aceptan, aunque sea a regañadientes. Ergo: fin a las insurrecciones que solo en un año habían estallado en 20 países simultáneamente. Pero ¿será realmente el fin de las insurgencias o éste es solo un momento de latencia y en cuanto se levante el confinamiento todos saldrán a las calles con una indignación mayor? Los pueblos le cobrarán a sus estados cada muerto y cada cifra. Al contrario del protocolo religioso, se desatará el carnaval después de la cuaresma.

Y aunque el zumbido de la Tierra haya disminuido y los animales hayan recuperado parte de su territorio, aún no se revierte el cambio climático. Virus contra virus: el planeta se sana del virus de los hombres [sic] y su industrialización.

Sea lo que venga después del colapso civilizatorio, será matrilineal. Todo confinamiento produce deseo de conexión: querer religarse a la madre terrenal y a través de ella a todo cuanto esté vivo. La informática corta el cordón umbilical, tratando de colonizar la imaginación utópica, el espíritu viviente, aquello que hace vibrar los electrones, la conciencia, la energía vital. Información, algoritmos, programación digitalizada. Su límite es su propia disolución en una nube de enlaces sin conexiones. Porque no es lo mismo abrazar y tocar, pisar la tierra, sentir el cuerpo que cruza el puente de la existencia, que vivir en la imagen de un mundo petrificado por los prestidigitadores y nigromantes de la ilusión. Nuevamente el poder central ha logrado manipular la percepción global a través de la propaganda. Ya lo hizo una vez con drones entrando en las torres del comercio mundial. Ya lo había hecho antes haciendo sucumbir a un presidente. La violencia patriarcal siempre es autodestructiva. Y en su suicidio, quiere llevar a todos los pueblos al abismo.

Además, ¿cuál es el origen del virus? ¿Un raro mamífero que está al borde de la extinción y cuyo nombre tampoco deja de extrañarnos (pangolín), o un oscuro laboratorio en Kansas? ¿Estamos acaso en la era de la guerra biológica?

Sea como fuere, el virus provoca fiebre y enferma. El virus detiene la megamáquina mundial. El virus está en todas partes: se le ha concedido la gracia de la ubicuidad, es invisible y todopoderoso, cartesiano y espiritual. El virus puede estar en ti; por eso no te toco, no me acerco a ti, no te acepto completamente. Esto es, por decir lo menos, peligroso porque da pábulo a la delación. Todos son informantes y vigilantes y sienten orgullo de ello porque creen estar salvando a una especie, cuyo único riesgo de extinción es el subproducto de su propia civilización.

Algunas hipótesis siniestras aseguran que el virus fue fabricado para reducir el sobrepoblamiento humano y, de paso, eliminar a la población más vulnerable a la que los fondos de pensiones y de seguridad social están obligados a solventar y reembolsar: jubilados, discapacitados, cesantes y pobres de la ciudad.

El fantasma del virus recorre la Tierra y ha abierto las puertas para una nueva coexistencia.

Es así como estoy pensando este momento. Estoy tranquilo y hasta contento. Y que me perdonen los santurrones y fariseos de toda laya. No estoy proponiendo el reino de los más fuertes. Ese reino ya lo veníamos viviendo desde antes y continúa con su obscena brecha social. Cuando haya mayor apuro, no me cabe duda de que la solidaridad popular va a aflorar. Lo que propongo es levantar jardines, cultivar huertos, estar calmos y sentir la tierra, con resiliencia y firmeza, resistiendo el tongo del virus y, por supuesto, la vacuna que querrán obligatoriamente inyectar cuando quieran controlar el desplazamiento humano y esterilizar a aquellos y a aquellas que potencialmente podrían algún día sumarse a la gran insurrección.

Con cariño,

Jesús

Carta enviada a Júlio Henriques
en Portalegre, Portugal
3 de abril de 2020.

ALEXIS SOTO RAMÍREZ
(Cuba)

Recibió, en su ciudad natal, el Premio Luis Rogelio Nogueras de poesía con *Estados de calma* (1993). Ha publicado, además, *Turbios celajes intrincados* (2016), *Oscuro impostergable o la circunstancia de la hormiga* (2016), y *La moda albana* (2019). Sus poemas han aparecido en revistas literarias de Estados Unidos, México, Francia y España. Textos de su autoría están incluidos en *Algunos pelos del lobo. Jóvenes poetas cubanos* (1996). En el 2018 obtuvo el segundo lugar de poesía en el XXVII concurso literario del Instituto de Cultura Peruana de Miami. Su poemario *La moda albana* resultó finalista en el Premio Literario Internacional Independiente Orizzonte Atlantico, 2019. Reside en Ellicott City, Maryland, EE. UU.

CORONAVIRUS

un viejo murmullo quiebra los espasmos
pulmón que el coronavirus en silencio arrasa
pero no se aquiete en su rincón
no se aquiete
la soledad puede ser esa devastadora red que nos lanza la muerte
recordad el fuego que aun siendo anterior
como tantos percances antiguos no perdura
dejad que en su lascivia remoje el agua las islas más protuberantes
y bajo ese magistral roce al cabo colapsen
estrepitosamente hacia la nada

Debí quedar quieto

debí quedar quieto es el caos quien gobierna quema los parapetos en
la casa de campo no quisiera recordar otros descalabros ni las palabras
que buscan como criaturas el sol a medianoche debí cerrar la ventana
debí dejar fuera el aire como si fuera la noción del tiempo debí quedar
sin astros sin las hamacas que exhiben el único movimiento debí quedar
quieto debí mas no sé qué hacer con este azul no sé si acariciar la mano
o la cabellera u otra vez la mano de sublimes sombras

La Ventana

canto con voz ciega que no se puede oír
por pasillos de humedades pringosas

nunca pedí lo que me han dado
todo lo que hago es observar la ventana
el gesto más osado que alguna vez logré
fue mover las cortinas para ver mejor

soy un cobarde

el desahucio impregna mis venas con rencor
agazapado escucho puertas que se cierran
repercuten su mortífera violencia
enjambre de sentimientos confusos

soy un cobarde

de noche logro
(a veces)
asomar mi mísera cara
por balaústres carcomidos
de serenos rocíos

con voz ciega susurro una canción
que a nadie importa

los transeúntes
agobiados por sus propios temores
emprenden su viaje involuntario
hacia la noche sin luna

Amarumayu

Colección Amarumayu

Amarumayu es la palabra quechua para nombrar al río Amazonas. *Mayu* significa río y *Amaru* es serpiente y también deidad representada como una serpiente alada, así mismo, es el rayo o exhalación que cae del cielo. En la época incaica era totem de la sabiduría, ente comunicador entre el cielo y la tierra. El Amazonas es ese río serpiente que visto desde el cielo con todas sus arterias y ramas parece un dragón, la serpiente alada de la selva, un rayo lleno de energía, las venas de *Awya Yala*, pura vida fluida que traspasa fronteras e identidades. La cuenca del Amazonas nace en los Andes y baña las montañas, valles, llanos, selvas y morichales de ocho países. Se va haciendo poderoso a su paso, gracias a la confluencia de agua y vida proveniente de tantos lugares distintos. Representa a los pueblos no colonizados, salvajes e indomables: pueblos americanos que aún viven en sus riveras y se nutren de sus arterias, en el Sur, que es América.

Nuestro propósito es ser un canal de comunicación entre el poeta y el lector. Queremos ser un rayo que lleva luz y fuerza desde ese cielo de ideas y palabras que es la Poesía, al campo fecundo de las mentes.

«*Vamos a necesitar escritores que puedan recordar la Libertad*
— poetas, visionarios —
realistas de una realidad más amplia».

Ursula K. Le Guin

EL SUR
ES
AMÉRICA

www.ingramcontent.com/pod-product-compliance
Lightning Source LLC
Chambersburg PA
CBHW080513090426
42734CB00015B/3041